JEAN LORRAIN

La Petite Classe

PRÉFACE DE MAURICE BARRÈS

PARIS
PAUL OLLENDORFF, ÉDITEUR
28 bis, RUE DE RICHELIEU, 28 bis

1895
Tous droits réservés.

LA

PETITE CLASSE

Tous droits de traduction et de reproduction réservés pour tous les pays, y compris la Suède et la Norvège.

S'adresser pour traiter, à M. PAUL OLLENDORFF, éditeur, 28 *bis*, rue de Richelieu, Paris.

JEAN LORRAIN

LA
Petite Classe

PRÉFACE DE MAURICE BARRÈS

PARIS
PAUL OLLENDORFF, ÉDITEUR
28 *bis*, RUE DE RICHELIEU, 28 *bis*

1895
Tous droits réservés.

Mon cher Barrès,

Voudrez-vous m'autoriser à épingler sur le frac un peu sévère de *l'Ennemi des Lois* et de l'ami de *Bérénice*, cette boutonnière de frivolités.

JEAN LORRAIN.

Juin 1894.

PRÉFACE

LE MAITRE DE LA PETITE CLASSE

Il y a dans l'histoire de l'Art deux peintres inconnus qu'on nomme *Le Maître de la Mort de la Vierge*, et le *Maître des Demi-Figures;* on les désigne par les sujets où ils revenaient de préférence. Si le Raitif de la Bretonne de l'*Echo de Paris* n'était d'ailleurs fort connu, la critique pourrait l'appeler *le maître de la Petite Classe*.

La petite classe ! c'est le nom charmant dont ce Jean Lorrain qui y fait figure, baptise ceux et celles qui se piquent d'avoir les opinions, les sensations, les enthousiasmes, les dégoûts, les frissons artistiques les plus neufs. L'expression est à la fois plaisante et très exacte. Les plus jeunes, les plus naïfs, les plus séduisants et aussi les plus compliquées élégantes professionnelles, voilà ce qu'est la petite classe, en même temps que son nom souligne fort bien le goût très singulier et très décidé qu'ont les femmes de cet instant pour l'instruction. Elles veulent savoir. Elles aiment les choses d'autant mieux qu'elles sont ardues : la musique savante, la poésie savante, la philosophie. Leurs flirts affichés sont Nietsche et Mallarmé.

Dans la petite classe je préfère les femmes aux hommes. Les pauvres petites créatures, où qu'elles aient costumé leur âme, sont toujours sincères un instant. Et puis il y a la robe ! Mais les jeunes garçons qui les accompagnent, avec toute leur grâce, demeurent vraiment disgracieux. Car il n'y a point d'allure qui suffise : à la troisième fois qu'on le rencontre, un homme doit être intelligent ou se taire. Or des cravates possibles, des petites manies enfantines, du goût pour Mallarmé, pour Wagner, Burne Jones et Gustave Moreau, l'amitié de cinq ou six artistes les plus délicats et enveloppés de pénombre, une gentille tenue personnelle et, à défaut d'esprit, trois petites malices présentées sans éclat, voilà le nécessaire, le seul trousseau exigé de qui veut s'inscrire à « la petite classe ».

J'en parle par ouï-dire et sur la foi de leur annaliste, Jean Lorrain. Du moins les perruches qu'il nous montre sont, malgré tout, un charmant divertissement. Aurait-il flatté la nature ? Une femme va chez le peintre, dit Saint-Évremont, pour y chercher certaines grâces ou pour s'y défaire de quelques défauts. Je ne puis juger des retouches que fit l'auteur à leur naturel.

Et pourtant, moi aussi, j'ai été goûté de « la petite classe » ! Je leur ai amené une petite fille, l'enfant Bérénice, triste et vêtue de violet, avec ses mains chargées de péchés dont ils s'amusèrent. Mais chez eux on ne fume pas et on méprise « les idées générales ». J'y bâillais. Pour en sortir, j'aurais pris le bras de X. Y. lui-même, car il n'est qu'une chose que je préfère à la beauté, c'est l'indépendance d'esprit. Quelques verres d'eau que j'ai bus à la tribune des réunions publiques ont effacé, sur mes lèvres, le souvenir de ces délicatesses compliquées.

Serait-ce pourtant cette passade qui me vaut d'introduire le lecteur dans la monographie que voici? Je ne l'entends pas ainsi. C'est plutôt le goût très vif que j'ai pour le notateur de sensations qu'est Jean Lorrain.

Quand Jean Lorrain donnait ses premiers vers, son génie, qui disposa toujours de ressources magnifiques, était déjà impur et sans aucune sobriété, quoique paré d'hellénisme. C'était un asiatique. Ramené dans notre siècle, parce qu'il n'était pas homme à prendre tous ses frissons dans son encrier, il distingua cette profonde vérité des voluptueux, qu'il y a les mêmes raisons de s'émouvoir devant des plaies pitoyables, que devant la grâce des Botticelli. L'amour de la faiblesse et de toutes les langueurs l'amena à goûter la douleur.

Mais la douleur dans l'âme fait très vite une place aux monstres du rêve ; elle remplit les poètes d'affres et d'épouvantes. Celui-ci, jadis amoureux des étoffes, des bijoux et des pierreries, qu'il combinait avec une prodigalité ingénieuse, ne s'amuserait plus aujourd'hui que du miroir et du pot de fard que les Myriniens mettaient dans la tombe de leurs femmes. Les débauches nerveuses sont toujours accompagnées de profondes mélancolies. Jean Lorrain s'est adonné, avec un art incomparable, à l'analyse de ceux qui ne trouvent de joie qu'à utiliser la force surmenée de leurs nerfs. Il les suit dans dans tous leurs ébranlements, qui sont la pitié, la douleur et l'hallucination, mêlées et grandissant jusques à la mort. Ainsi les grands voluptueux composent avec leurs passions cette société d'une si singulière puissance de mélancolie, que formèrent, après Actium, Antoine, Cléopâtre et leurs amis : la société de ceux qui veulent mourir ensemble.

… Voilà le Jean Lorrain que je préfère. Quand il se fait l'historiographe de la *Petite Classe*, je conçois bien qu'il s'intéresse à ces petites femmes parce qu'elles ont mêlé à leur sorbet, un peu de ces aphrodisiaques qui suscitent les grandes fureurs de la volupté. Mais leurs agitations sont médiocres. Je ne m'intéresse ni au flirt, ni au potin, qui sont toute leur vie.

Le flirt de Mmes des Audraies, d'Enervon, Baringhel, Lucy Tenner me paraît bien fade, depuis que Francis Poictevin m'a raconté comment un jeune homme tomba mort d'un baiser que lui donna sur les lèvres, en pleine cour, Jeanne de Naples. Quant à leurs potins, je les repousse, parce que le propre de ces jeux de société est toujours la méchanceté et l'erreur. Ces dames manquent vraiment de méditation. Comment peuvent-elles attribuer de si basses origines à tous les actes de leur entourage, elles qui, malgré tout, ne nous intéressent que par les palpitations secrètes de leur pauvre être, si souvent blessé.

Sous le rôle qu'elles jouent, on ne trouverait à l'ordinaire que de bonnes petites filles, avec des âmes d'élèves du Sacré-Cœur ou de demoiselles de magasin ; mais où elles seraient attachantes, c'est dans leurs passions profondes, dans leurs douleurs, par où elles se rattachent à l'humanité, avec une sensibilité qu'exaspère très certainement leur oisiveté.

Jean Lorrain, qui d'autres jours les a fait pleurer devant nous, s'est proposé ici de noter leurs jolis gestes, leur décor. Elles l'ont séduit comme des poupées énervées et parce que, inconsciemment, il s'est donné pour tâche d'enregistrer tous les détraquements. Mais il n'a pas été leur dupe. Elles sont pour lui les *Bouvard* et les *Pécuchet* de la vie nerveuse. « Leur bêtise m'attire, » disait Flaubert des hyènes qui pleurent et rient comme des femmes, la nuit, dans les déserts d'Orient. Encore les hyènes, assises aux portes des cimetières, reçoivent-elles les confidences des assassinés et des négligés et, par là, intéressent notre imagination mieux que ne font des petites femmes dépositaires seulement des secrets de Polichinelle.

En réalité, l'atmosphère de Jean Lorrain, c'est le monde des féeries, des songes, voire des cauchemars. Il aime les chimères et, entre toutes, les monstres. A la vapeur légère des tasses de thé, nul doute qu'il ne préfère les terribles nuages où se déroule la Tempête de Shakespeare. Ce qui fait l'objet de ses secrètes complaisances, c'est moins les habitués affadis de la *Petite Classe* que Caliban et sa mère Sycorax. Avec des crapauds, des escargots, des chauves-souris mêlés, Sycorax composait des charmes ; elle commandait la lune, elle dirigeait le flux et le reflux des mers. Or, chez ce Jean Lorrain, qui va ci-contre nous introduire dans les petites maisons, petites *folies* et petites *tempêtes* de la société parisienne, il y a un sorcier amoureux des aspects dangereux de la nature.

MAURICE BARRÈS.

COMTESSE DES AUDRAIES

HIVER DE NICE

LA PETITE CLASSE

I

L'ARRIVÉE

Marquise Simonne d'Héfleurons,
24, rue de Varennes.

Enfin m'y voilà dans ce Nice enchanteur, ville de fêtes et de plaisirs où les poitrinaires ne veulent même plus mourir, tant la vie y est douce et facile, ce Nice où l'on vient prendre des brevets de longévité dans la brise marine, dans les senteurs des pinèdes et le *bon de l'air et du soleil.*

Il paraît qu'il y a ici un monde fou. Moi, je n'ai rien vérifié encore. Du monde, du monde! quel monde? Je me méfie un peu des villes d'eaux; et puis la vérité est que je suis arrivée ici tout étourdie.

A Marseille, la terrible Mme des Grenaudes n'est-elle pas montée dans notre compartiment, Mme des Grenaudes avec son inévitable inventaire et des diamants qu'elle possède, et de l'hôtel qu'elle vient d'acheter, et des meubles d'art et des bibelots de prix dont elle vous récite les factures, et nous qui voyagions seuls depuis Paris et avions été toute la nuit si tranquilles, quelle guigne! J'ai cru que j'allais quitter le wagon.

Sans d'Auletrin, qui l'accompagnait et m'a fait aussitôt un œil complice, j'aurais abandonné la partie; mais il avait beau accabler la dame de petits soins et de prévenances, beau porter la chienne Mirka comme un bibelot précieux et tapoter d'une main vigilante sur ses somptueuses fourrures pour en envelopper ses genoux, j'ai bien vu à son air qu'il allait se payer sa tête et, comme je ne connais rien de plus odieux au monde que la tête de Sidonie tournante de la belle Mme des Grenaudes, je me suis résignée sans trop de protestation à demeurer installée dans mon coin.

Nous n'étions pas à la Ciotat, que Gontran, ma femme de chambre, tout le wagon et moi savions que la dame retour d'Alger avait fait un voyage magnifique, toute la province d'Oran et de Constantine avec arrêts à Tanger, Tlemcen et même une pointe dans le désert : vingt mille francs au bas mot dispersés sur les routes depuis le mois de décembre, qu'elle avait voyagé à dos de chameau et dormi sous la tente, troublé les cafés maures, visité la kasbah et charmé de jeunes cheiks, qu'on avait donné pour elle un bal à l'amirauté d'Alger, qu'elle rapportait enfin, pour deux cents louis d'étoffes et de costumes mauresques, sans parler de deux sloughis d'Afrique achetés à Lagoat cinq mille francs le couple, plus chers encore que Mirka.

Si elle ne ramenait pas un enfant indigène, comme la princesse de Sagan avec laquelle elle avait fait la traversée, c'est que vraiment c'était donné là-bas ; les petits décrotteurs de la place du Gouvernement vous en offrent pour soixante francs aux abords de tous les hôtels.

Maintenant elle se rendait à Nice.., oh ! pour deux mois au moins. Comment rester à Paris par ces temps froids ? mais elle ne savait vraiment si elle resterait à Nice même. Elle hésitait entre une villa à Cannes où la réclamait la princesse, ou une installation dans les environs, à Cimiez ou à Montboron.

A Cannes, où la réclamait la princesse... la belle Mme des Grenaudes et ses grâces d'écaillère enrichie sur le carreau des halles dans la société des Boisgelin, des La Rochefoucauld et des de Sagan ! D'Auletrin pouffait sous cape ; quant à nous, nous étouffions. Elle a d'ailleurs continué de jacasser imperturbablement, ne ratant pas une seule gaffe, prenant Saint-Raphaël pour Fréjus et le golfe Juan, où manœuvre l'escadre, pour le port d'Antibes où jardinait, il y a cinq ans déjà, ce pauvre Guy de

Maupassant et à tous les coins de la corniche Nice apparaissait ensoleillée et toute blanche, comme une ville d'Orient.

On a beau dire, ce pays est superbe et cette Méditerranée est un rêve, et devant ces maisons, ces terrasses, ces promenades s'étageant dans le bleu des golfes, à l'ombre parfumée des montagnes rougeâtres, des réminiscences vous prennent de villes de l'Islam et de ports d'Espagne, douces comme des haleines d'orangers dans le vent.

Bonsoir : il est dix heures et je tombe de sommeil. Ecris-moi jusqu'à nouvel ordre à l'hôtel, je t'enverrai dépêche dès l'installation arrêtée ; Gontran a quelque chose en vue à Monte-Carlo. Mes lèvres sur tes joues, mes deux mains dans les tiennes.

Suzanne des Audraies.

P.-S. — Je viens de parcourir la liste des étrangers. Jusqu'ici, comme Parisiens, aucun nom marquant, mais dans le monde Rasta, quel défilé et quelle nomenclature !

La duchesse de Pomar est ici, naturellement.

II

QUELQUES TYPES

Marquise Simonne d'Héfleurons.
24, rue de Varennes.

Si je me plais ici, ma chérie, et si je commence à m'y faire ?... et couci couça. Je ne raffole pas, moi, précisément de Nice, mais tu sais que je suis naturellement sauvage et que mes six mois de campagne aux Audraies ne sont pas faits pour civiliser la provinciale un peu farouche que j'étais déjà avant mon mariage.

Je suis restée la mademoiselle Réfrégeon que tu as connue au couvent, et toutes ces figures empanachées de tra los montes et d'Albion ont le souverain don de me déplaire. Gontran s'en amuse et prétend qu'aux heures des repas de table d'hôte je suis à peindre : le fait est qu'on n'en a pas idée du personnel qu'on rencontre ici : figure-toi dans une des salles du Continental la confusion des langues de la Tour de Babel, Chiliens, Brésiliens, Russes, Moldo-Valaques et des Anglais surtout et des Anglais toujours ; c'est ici le rendez-vous des trois royaumes, et cela jacasse et cela tracasse et cela bécasse dans tous les idiomes de la terre avec des mines pontifiantes et ahuries au milieu du va-et-vient silencieux de trente maîtres d'hôtel en culottes courtes, en mollets soyeux, glissant comme des ombres sur le bout d'escarpins à semelles feutrées ; et là-dessus un luxe de fleurs et de bougies... et nous sommes, Gontran et moi, descendus dans un hôtel de second ordre.

Mᵐᵉ des Grenaudes, qui est à Westminster, en a pour elle seule pour cent francs par jour ; c'est elle qui le crie du moins à toute la colonie, car nous n'avons pas revu son intéressante personne.

D'Anletrin, que nous avions aussi perdu de vue, s'est rencontré avec Gontran hier au cercle et Gontran, bon mari, me l'a amené dîner. Ce d'Anletrin ! il est vraiment impossible, il a fait les mille et une folies, scandalisé toute la salle et je ne sais comment je vais oser paraître à table d'hôte après la séance d'hier soir. C'est pour nous forcer, prétend-il, à quitter Nice et à venir nous installer à son hôtel, à Monte-Carlo. Tu me vois d'ici à l'hôtel de Paris, avec toutes ces demoiselles retour des Acacias et tous les *donc déjà* plus ou moins avariés de la sainte Russie ! Je crois que j'aime encore mieux les myladies Rudhman et les mistress Griffith de notre anglaise table d'hôte.

Et Dieu sait pourtant si nous avons ici un choix de coiffures en tourtes ! ces fameux vol-au-vent de mousseline, que les dames de là-bas croient à partir de quarante ans devoir arborer sur leurs têtes, et de robes à l'enfant en crêpe vert pistache ou rose sauce crevette ceinturonnées de moire jaune-citron ! moi je trouve les jeunes assez gentilles avec leurs cheveux crespelés et courts et leurs profils de petits garçons.

D'Anletrin prétend, lui, que ce sont toutes des salutistes déguisées pour le carnaval et que la gorge de celles qui en ont.., de la gorge, n'est qu'un renflement de brochures ! et la vérité est que j'en ai déjà trouvé deux.., de brochures, des *En Avant, Haut les cœurs*, et des *Guerre et sang* posés sur la table de ma chambre... par qui ? comment ? je me le demande encore.

Il y a ici, entre autres dynasties, une famille anglaise composée du père, de la mère remariée en seconde noce à ce père également ex-veuf, et de huit enfants d'un côté et de cinq de l'autre, en tout treize petits masters Mouth et petites misses Liliane, Maud et Georgina Griffith, découlant tous des deux lits. Il faut voir tout ce monde-là à table d'hôte, les hommes corrects en smoking à boutonnières criblées de gardenias, les cheveux peignés à la vaseline, les femmes en robe esthétique, gantées jus-

1.

qu'aux épaules et des petites pèlerines pudiques jetées sur le décolleté des corsages à l'enfant ; il faut voir tout ce monde engloutir les douze plats du dîner dans le plus effrayant méli-mélo de stout, de pâle-âle, de vins d'Espagne et de Champagne *française*. A neuf heures ces messieurs vont fumer un cigare dehors, ces dames remontent dans leur chambre ; à dix heures moins le quart ces messieurs les rejoignent et, à *dix heures sonnant*, les treize petits masters Mouth et misses Liliane, Maud, Georgina et Debora Griffith apparaissent dans les corridors, sans pèlerines cette fois, mais enveloppées de pelisses de bal, se rendant gravement à la soirée dansante.., car on danse dans cet hôtel, on danse dans tous, et des pancartes placardées dans les chambres invitent messieurs les voyageurs à vouloir bien honorer ces fêtes de leur présence et aider les familles Mouth, Rudhman et Griffith à en faire les honneurs !

D'Anletrin prétend très sérieusement que toutes ces dynasties dansantes ne sont pas autre chose que les familles Passy, Bérenger et Simon (Jules Simon de la Ligue), insinuées dans des ajustements anglais et abattues en bande sur Nice pour y moraliser la ville et combattre la roulette et l'influence de Monte-Carlo par la toute-puissance des soirées familiales, des sauteries enfantines, du thé patriarcal et des jeux innocents.

Je suis ici forcée de te quitter brusquement, la

voiture nous attend et nous allons justement déjeuner ce matin à ce fameux Monte-Carlo.

Je t'embrasse. As-tu reçu mes fleurs ?

SUZANNE DES AUDRAIES.

III

LES RENCONTRES

La salle commune de l'hôtel de Paris à Monte-Carlo, à l'heure du dîner ; profusion de lumières, de fleurs et de la plus luxueuse argenterie, on dine par petites tables. Public cosmopolite et ultra élégant, robes du soir et smokings, beaucoup de demoiselles à cheveux jaunes extraordinairement fleuries et diamantées.
Entrent le comte et la comtesse des Audraies accompagnés de d'Anletrin ; à leur vue un maître d'hôtel se précipite et sur un coup d'œil de d'Anletrin, désigne au jeune ménage une table retenue, éclairée de bougies à abat-jour bleu pâle et toute jonchée de violettes de Parme ; le comte et la comtesse des Audraies s'installent. D'Anletrin, occupé à enlever ses fourrures, a été happé par le petit Smokel assis à une table voisine.

D'ANLETRIN, *à Smokel.* — Tiens, tu es ici, toi...

SMOKEL. — Depuis huit jours que tu m'évites, parlons-en.

D'ANLETRIN. — Moi, t'éviter...

SMOKEL. — Quelle est cette petite femme? (*Il désigne la comtesse des Audraies.*) Tu la chauffes, hein? Mes compliments, heureux veinard, c'est la plus jolie femme que j'aie vue cet hiver.

D'Anletrin, *haussant les épaules.* — Je te conseille. La femme d'un ami (*mouvement de Smokel*), de mon meilleur ami, Gontran des Audraies, des Audraies de la rue des Postes.

Smokel. — Mais nous avons été chez les Pères ensemble; je vais la lui serrer, à ce bon Gontran.

D'Anletrin. — N'en fais rien, il y a dix ans qu'il a quitté Paris. Il ne te reconnaîtra pas, c'est un campagnard.

Smokel. — Il élève des bêtes à cornes.

D'Anletrin. — Je te dis que tu es fou. Des Audraies est mon ami; sa femme est charmante, je te l'accorde.

Smokel. — Parbleu.

D'Anletrin. — Je t'assure que, si je les pilote ici, c'est par pure amitié; tu en doutes? Je te présenterai, mais plus tard : ce n'est pas le moment, nous mourons de faim, et puis Gontran est d'une humeur de dogue, il vient de perdre trois cent louis sur la rouge.

Smokel. — Je vois qu'il a toutes les veines (*montrant M*me *des Audraies qui fait signe à d'Anletrin*), mais va, on te réclame, on t'appelle?

D'Anletrin, *lui serrant la main.* — D'ailleurs, tu ne dînes pas seul, tu attends quelqu'un.

Smokel. — En effet, et quelqu'un qui t'en veut à mort.

D'Anletrin. — Qui ça?

Smokel. — Mme des Grenaudes... Oh! il paraît que tu l'as lâchée.

D'Anletrin. — Lâchée, mais je ne l'ai jamais prise.

Smokel. — C'est bien ce qu'on te reproche ; mais il paraît qu'en Algérie on avait fondé sur toi les plus belles espérances.

D'Anletrin. — Oh ! en Algérie.

Smokel. — Oui, je sais, on ne va pas en Algérie pour y vivre comme en France, et puis cela a si peu d'importance en voyage, là-bas.

D'Anletrin. — Alors, elle m'en veut ?

Smokel. — Une haine féroce, qui comprend aussi tes convives de ce soir.

D'Anletrin. — Diable, et elle dîne ici, près de nous, à cette table ?

Smokel. — Je ne pouvais pas prévoir.

D'Anletrin. — Un service, mon petit Smokel, change de table, va donc là-bas dans le fond, côté des gazelles.

Smokel. — Mais elles me connaissent toutes.

D'Anletrin. — Mme des Grenaudes t'en saura gré, c'est une suiveuse.

Smokel. — De profession.

D'Anletrin. — Je vois justement une table libre entre Liane Canne-à-Sucre et Thérèse Van Dyck.

Smokel. — *Faille première* ne me le pardonnerait jamais.

D'Anletrin, *ahuri*. — Qui ça, *Faille première* ?

Smokel. — Mais Mme des Grenaudes. *Faille première*, ça me coûte soixante francs le mètre, cette robe-là.

D'Anletrin. — Je n'y étais plus, mais ces demoiselles aussi racontent leurs prix de revient; elles feront ensemble assaut de vitrines, car il y en a des diamants, ce soir.

Smokel. — Pour ce que ça leur coûte.

D'Anletrin. — Le fait est que ça leur vient en regardant en l'air. Ainsi, c'est fait, hein? tu changes de table.

Smokel. — Oui, mais tu me présenteras...

D'Anletrin. — Demain, au marché des Ponchettes, à dix heures; nous y allons tous les matins.

Smokel, *lui montrant les des Audraies qui dînent*. — Je crois qu'il est temps de rejoindre ton ménage.

Madame des Audraies, *à d'Anletrin*. — Nous ne vous attendions plus, mon ami, nous en sommes au chaufroid.

D'Anletrin, *balbutiant*. — Excusez-moi, mais j'ai rencontré là un ami.

Madame des Audraies. — Le petit Smokel, je l'ai parfaitement reconnu.

D'Anletrin. — Vous connaissez Quiqui ?

Madame des Audraies. — J'ai assez souvent valsé avec lui quand j'étais jeune fille aux bals blancs de ma tante; il faut croire que j'ai bien changé, il ne m'a pas reconnue, lui.

Des Audraies. — Allons, laisse-le manger. (*A d'Anletrin.*) Mangez, voyons, nous n'en finirons pas. (*Le dîner continue.*)

Trente minutes après,

Comtesse des Audraies. — Et cette grande mince, blonde, l'air d'une femme du monde sous cet immense chapeau de feutre blanc empanaché, c'est ?...

D'Anletrin. — Où ça ? elles ont toutes des feutres blancs, ce soir.

Gontran des Audraies. — Ah çà ! tu ne vas pas raconter tout Cythère à ma femme ?

Suzanne des Audraies. — Mais si, mais si, cela m'amuse beaucoup.

D'Anletrin. — Pourquoi serions-nous ici, si ce n'est pour renseigner ta femme ; nous ne pouvons pas pourtant la mener souper à Paris chez Maxim's !

Gontran des Audraies. — Tandis qu'ici, c'est... le bain mixte.

D'Anletrin. — Tu l'as dit.

Suzanne des Audraies, *à son mari*. — Vous avez de l'esprit, monsieur des Audraies.

Gontran des Audraies. — Quand vous ne m'écoutez pas.

D'Anletrin. — Voyons, voyons, vous n'allez pas vous disputer, maintenant !

Suzanne des Audraies. — Oh ! je n'en ai pas l'envie, et puisque bain mixte il y a, citez-moi les fortes poupées nageuses.

D'Anletrin, *s'inclinant*. — Poupée nageuse restera.

Suzanne des Audraies. — Je l'espère bien. Allons, allons vite maintenant, ma petite chronique. La demoiselle au feutre blanc, qui a l'air d'une miniature dix-huit cent trente avec un gros diamant en ferronnière dans ses cheveux teints ?

D'Anletrin, *assujettissant son lorgnon.* — Mais je ne vois pas. (*Regardant au loin.*) Voilà bien Thérèse Rubens, mais elle n'est pas mince, Rosa Bruk avec son air de beau page Renaissance... (*Bas, à des Audraies.*) Elle gagne ce qu'elle veut au trente et quarante, elle est avec Trois-Etoiles le fameux porte-veine.

Suzanne des Audraies. — Allons, pas d'aparté, accouchez donc, d'Anletrin.

D'Anletrin, *passant le côté des demoiselles en revue.* — Je vois bien Francine et Katinka.

Suzanne des Audraies, *impatientée.* — Moi aussi, je les connais bien, je ne rencontre qu'elles au Bois (*désignant presque du doigt une table dans le fond*), voyons cette grande blonde là-bas qui dîne avec un gros monsieur commun, à favoris teints, et une espèce de monstresse écrasée de joyaux comme une châsse; la fille, le monsieur et la mère, un Forain ! ah ça, vous êtes donc myope?

D'Anletrin, *cherchant à voir.* — Une monstresse, un Forain, mais fallait donc le dire, c'est Liane Canne-à-Sucre, la sensationnelle mirabelle à quinze sous de Nice, cet hiver. Je vous ai montré sa villa sur la promenade des Anglais, hier.

Gontran des Audraies. — La maîtresse au petit Igreczède...

D'Anletrin. — Dit le Petit-Sucrier. D'où son surnom de Canne-à-Sucre, ah! on pourrait dire Canne-à-Pêche, car elle est plate comme une limande avec des cuisses de grenouille écorchée.

Suzanne des Audraies. — Oui, mais elle a une bien jolie tête.

D'Anletrin. — Une miniature de Mme de Mirbel tombée dans un bocal de pharmacie, car elle est verte sous ses diamants, la chère demoiselle.

Des Audraies. — Elle me fait l'effet, moi, d'un portrait de Jacques Blanche.

D'Anletrin. — Et tu as raison, vieux, c'est bien la gamme des femmes qu'il peint, des femmes où il n'y a pas la place pour aimer. Jacques Blanche en raffolerait.

Suzanne des Audraies. — Voyez donc, voilà qu'elle allume un cigare, et quel cigare! c'est monstreux.

D'Anletrin. — Un Bouffarick, c'est moi qui le lui ai rapporté.

Suzanne des Audraies. — Vous la connaissez?

D'Anletrin. — Je vais en griller une quelquefois le matin chez elle, elle ne cesse pas de fumer toute la journée.

Suzanne des Audraies. — Et ce gros homme à bouche lippue, ce n'est pas son Petit-Sucrier?

D'Anletrin. — Ça c'est Lesthoufer, le marchand de diamants de ces dames, un juif hollandais prêteur à la petite semaine et que Liane attache à sa personne comme fournisseur breveté et banquier escompteur des billets s. g. du Petit-Sucrier, un peu mineur, comme vous savez.

Suzanne des Audraies. — C'est touchant, et la vieille monstresse? à devanture de bijoutière, la maman?

D'Anletrin. — Leur mère à toutes, une ancêtre de la galanterie, Eugénie de Bondy qui, après avoir couché pour son compte pendant près d'un demi-siècle, tient aujourd'hui la comptabilité des alcôves des autres et dévalise encore, quoique forêt retraitée.

Suzanne des Audraies, *la regardant avec son face-à-main.* — Que de diamants! vous ne trouvez pas qu'elle a quelque chose de Mme des Grenaudes?

D'Anletrin. — Chut! ne parlez pas du loup, la voilà qui fait son entrée.

Suzanne des Audraies. — Mme des Grenaudes! (*Tous les trois se taisent et baissent le nez sur leur assiette.*)

Entre Mme des Grenaudes, plus diamantée à elle seule qu'Eugénie de Bondy ; Liane Canne-à-Sucre et autres déités. Elle s'avance majestueusement au bras d'un trop beau garçon à l'habit constellé de décorations étrangères et au plastron de chemise étoilé de saphirs et de perles ; tête d'Italien pommadée et frisée.

D'Anletrin, *s'esclaffant.* — Et avec le prince Macroformando! Non, dix louis pour voir la gueule de Smokel! Où a-t-elle bien pu le pêcher?

IV

LEURS COSTUMES

Madame Camaret d'Etrinville,

En son hôtel, 14, rue Monceau.

« Ma chère amie, il faut me rendre un service. Dès cette lettre reçue, aller chez Lère-Catelain et y choisir un assortiment de pierres de couleur, rubis, saphirs, topazes et améthystes que vous ferez porter chez Pataprouf, boulevard des Italiens.

« Il n'y a pas une minute à perdre, c'est pour broder ma queu... ma queue de paon pour le grand raout costumé et masqué de la duchesse. Cette bonne duchesse d'Hangomar! à peine arrivée ici, j'ai trouvé sa carte à l'hôtel ; c'est une si aimable femme, et puis, il n'y a pas à dire, son salon est certainement ce qu'il y a de plus select et de plus brillant à Nice ; on n'y coudoie que de grands noms,

Magnats de Grèce et noblesse d'Italie, et puis, comme luxe et comme installation, je ne connais rien de semblable que mon hôtel de la rue Bassano et la villa de ma belle-sœur à Enghien ; c'est princier. D'ailleurs elle m'a fait voir ses écrins, elle possède des perles et des diamants.., elle en a pour quinze cent mille francs au bas mot et tout cela historique...! les perles ont appartenu à Marie Stuart, les saphirs à Marie Leckzinska, elle a le collier de diamants de Marie de Médicis et toute une parure de turquoises montées par Lempereur qui furent jadis offertes par la grande Tsarine à Marie-Antoinette, comme qui dirait un musée des souverains, elle ne veut porter que des joyaux de reine ; c'est fabuleux d'éclat, mais ses diamants sont moins beaux que les miens.

« Tout Nice est en rumeur et c'est à qui fera et des pieds et des mains pour obtenir une invitation à sa fête, mais vous pensez bien qu'on ne va pas chez une d'Haugomar en domino de chez Landolff ou en arlequin fin de siècle de chez Babin comme à un simple veglione de la jetée-promenade, et, d'ailleurs vous me connaissez assez, je m'étais mise en tête de faire grand ; j'avais songé à une dogaresse et j'étais sur le point d'écrire à Madeleine Lemaire pour lui demander de me dessiner le costume : M. des Grenaudes lui achète pour vingt mille francs par an d'aquarelles et elle ne m'aurait pas refusé cela, la charmante femme, quand, avant-hier, à la musique, qu'est-ce que je rencontre ?... pâle et dolent sous un monceau de fourrures et s'accrochant pour marcher au bras de son valet de chambre... Pataprouf, Joachim Pataprouf mon couturier.

« Vous connaissez mon cœur, Pataprouf a beau n'être qu'un fournisseur, j'aime en lui l'artiste, je m'élance et lui prenant les mains : « Comment, Pataprouf, vous ici et dans quel état, lui dis-je. — « Ah ! madame la baronne, me répond le pauvre être, c'est que je suis bien malade et n'ai point votre belle mine. En vérité madame la baronne est encore rajeunie. » Bref je m'installe auprès de lui, nous causons et de fil en aiguille, tout en parlant racontars mondains, je lui dis mon bal et mes hésitations et mon projet de costume. « Madame la baronne va chez la duchesse et ce n'est pas moi qui aurais l'honneur de lui faire son costume ! Qu'ai-je donc fait à madame la baronne ? C'est un malade qui vous supplie et vous conjure de lui confier le soin d'en concevoir l'ensemble et d'en faire le dessin, » et là-dessus, voilà un homme qui s'emballe, qui me serre les mains et pleure presque ; bref je me laisse attendrir et, voyant qu'il étouffe, je l'enlève dans mon coupé, le ramène chez lui ; et là immédiatement, nous nous mettons à l'œuvre et Pataprouf haletant me dessine le plus splendide costume de paonne auprès duquel celui de la princesse à son fameux bal des bêtes ne sera plus que roustissure.

« Ce pauvre Pataprouf a envoyé le soir même à sa maison de commerce pour cinquante francs de dépêches ; il me coûtera d'ailleurs quatorze mille francs, ce costume. J'avais songé un moment à faire démonter mes écrins et à les répandre sur ma traîne, mais Pataprouf, qui connaît son Nice, m'a [di]t en confidence qu'ici, même chez les duchesses, [i]l ne fallait tenter personne : d'où mon parti de [m']adresser à Lère-Catelain et ma requête, chère [a]mie, pour vous prier d'y faire le choix de ma [q]ueue de paon : on brodera les pierreries dans [l']interstice des plumes.

« Ici rien de nouveau, si ce n'est que cette petite [c]ervelée des Audraies continue de faire scandale et [d]e s'afficher publiquement. D'Anletrin attèle à trois [n]e quitte plus le ménage ; on n'est pas bête [co]mme des Audraies. Il paraît pourtant que cela a [ét]é un peu loin, puisqu'ils quittent Nice et vont [s']installer à Beaulieu, dans une petite villa bon [m]arché dont votre modiste ne voudrait point ; il est [b]ien temps après avoir été vivre trois jours à [l'h]ôtel de Paris, à Monte-Carlo, invités par d'Anle[tr]in qui doit avoir gagné la forte somme au trente [e]t quarante, car je l'ai connu plus que panné à [A]lger, et il est évident que c'est lui qui paie et [e]ntretient.

« Car qu'est-ce qu'ont ces des Audraies ? A peine [t]rente mille francs de rentes ; ça vit six mois à la [c]ampagne ; la petite femme, qui a une jolie taille, arbore des costumes de petit drap de couleur comme en portent nos femmes de chambres ; Pataprouf ne la connaît même pas, et le matin pour aller acheter ses fleurs aux Ponchettes, où elle fait émeute avec son cortège affiché de prétendants, elle porte une pauvre petite parure de malachite verte, verte comme celle de la cheminée de mon grand salon.

« Si ça ne fait pas pitié vraiment.

« Mais assez causé. Si vous voyez Rifordandi, l'attaché d'ambassade, tâchez de savoir adroitement ce que peut bien être un prince Rizzo Macroformando, qui mène ici grand train, est fort joli garçon, fort demandé et fait non moins fortement la cour à votre chère amie.

« Berthe des Grenaudes. »

Marquise Simonne d'Héfleurons
24, rue de Varennes, Paris.

« Ma chérie, un service : passer chez le costumier et lui demander s'il a encore le domino de moire blanche, qu'il m'a fait l'année dernière pour le bal Stielman. Si, oui, qu'il y applique des grandes pensées en velours violet et mauve (on trouve cela, paraît-il, dans tous les grands magasins), mais des pensées énormes, grandes au moins comme deux mains et surtout qu'elles soient habilement jetées, deux aux épaules, par exemple, une grande dans le dos, au milieu de la taille, le plus discrètement possible à l'entour des hanches pour éviter toute allusion facile dans ce joli monde de filles et de rastaquouères que nous fréquentons maintenant. Il me faut ce domino dimanche matin, pas plus tard, villa des Amandiers à Beaulieu, où nous nous installons demain ; c'est pour le grand veglione du théâtre municipal de dimanche.

« Car nous allons au veglione. Oui, ma chérie, ta sauvageonne amie Simonne en est là, et mardi nous nous faufilons, Gontran, d'Anletrin et moi, plus impénétrables et masqués que des pénitents, au bal costumé de la duchesse d'Hangomar, oui, ma chérie, chez cette vieille folle, qui évoque les esprits, fait tourner les tables, est en correspondance avec Osiris et Bouddha, voyage en rêve au fond de l'Inde et tous les trente du mois (c'est d'Anletrin qui le prétend) se prend régulièrement pour Marie la sanglante, la reine Marie Tudor... au fait je ne sais pas trop, c'est peut-être Marie Stuart.

« D'Anletrin, qui s'est fait notre guide et qui nous pilote et qui nous amuse (il sait par le menu toutes les histoires de ces demoiselles et l'odyssée de leurs débuts et les dessous machinés de leurs alcôves, d'Anletrin affirme qu'il faut avoir été là, qu'on n'a rien vu à Nice si l'on n'a pas vu cela, que c'est là le salon unique, où le rastaquouérisme et l'*industriana cavaleria* fleurissent dans tout leur éclat. Il y a surtout là, paraît-il, les amis du fils qui forment une extraordinaire bande à part. On ne peut y être vue en temps ordinaire, mais un soir de bal masqué... Enfin d'Anletrin a trois invitations à des noms supposés et nous suivons, ma foi, d'Anletrin qui y va.

« D'ailleurs on vit ici dans un tourbillon qui ne vous laisse même pas le temps de la réflexion et vous affole et vous enlève ; il paraît que ce train de vie me réussit. Gontran prétend que je n'ai jamais été aussi en forme. C'est aussi l'avis de d'Anletrin et de beaucoup de ces messieurs ; car j'ai une cour affichée maintenant, le petit Smokel en tête, rencontré jeudi dernier à Monte-Carlo, à l'hôtel de Paris, où nous avons passé trois jours.

« Nous avons retrouvé là de Lusace retour de Tunisie — (tout le monde a été en Tunisie cet hiver) — d'Assailly, les d'Enervon, les des Faste et nous formons tous une bande de joyeux fêtards plus enlevés les uns que les autres, ces messieurs m'en ont proclamée le chef ! Vois-tu ton amie Suzanne chef de bande ? avec d'Anletrin comme premier lieutenant.

« Gontran trouve même que cela va un peu loin, d'où notre départ de Nice pour Beaulieu et les Amandiers, où nous nous installons demain. Ce n'est pas très grand, mais dans une situation délicieuse et le climat y est si doux ! Tous les amandiers sont en fleurs, c'est d'un joli et cela sent bon. Ah !

on peut bien le dire ; avec le ciel lumineux de là-bas et ces branches floconneuses et fleuries, c'est tout à fait la vie en rose. Gontran a raison : nous serons ici moins les uns sur les autres, avec le temps de respirer et puis cela n'empêche rien en somme ; avec des chevaux et des voitures il n'y a pas de distance et l'on se verra dans les environs : à Menton, à Bordighère, à Cimiez en pique-nique, en partie, ce qui est autrement amusant et chic, entre nous, que l'éternel persil de quatre à cinq sur l'éternelle promenade des Anglais avec les Canne-à-Sucre et le Lesthoufer...

« Sans compter que nous allons y pendre une de ces crémaillères, aux Amandiers !

« Au fait, pourquoi n'y viendrais-tu pas passer huit jours ? J'ai une chambre pour toi et M. d'Héfleurons, une très grande chambre même, en plein soleil levant, et tendue d'une de ces vieilles perses à ramages violâtres, comme on en rêve pour mantes à la paysanne, j'ai presque envie d'en faire copier le dessin. Allons, c'est dit ; tu m'apportes samedi mon costume.

« A ce propos, dis au costumier de changer le capuchon et d'en mettre un énorme en forme de capote en peluche mauve.

« J'avais à te conter une histoire extraordinaire sur Mme des Grenaudes, mais voilà qu'il me manque et la place et le temps ; tâche de savoir à l'ambassade italienne ce que peut bien être un certain prince Giuseppe Macroformando, qui fait ici la pluie et le beau temps... dans le monde des d'Hangomar et des Russes avariés, entendons-nous pourtant...

« D'Anletrin, Smokel et tous ces messieurs pouffent de rire lorsqu'on en parle et l'évitent autant qu'ils peuvent : la belle Mme des Grenaudes en a fait son cavalier servant.

« Je t'embrasse.

« *Ton amie,*
« Suzanne. »

V

EN DÉJEUNANT

Villa des Amandiers, à Beaulieu ; le couvert est mis dehors sous une treille enguirlandée de glycines : sur la nappe russe brodée de rouge, cordon de jonquilles, d'œillets et de roses de Nice ; horizon de montagnes ensoleillées et bleuâtres entrevu à travers les branches étoilées de pâleurs roses d'amandiers en fleurs. Assis à table, comte et comtesse des Audraies M. et Mme des Fastes, M. et Mme d'Enervon, d'Anletrin, Smokel, d'Assailly et de Lusace.

SMOKEL. — Et dire qu'ils sont sous la neige, à Paris, et qu'il y vente.

DE LUSACE. — Et qu'il y gèle, je peux vous le dire, moi qui y étais encore dimanche.

D'ASSAILLY. — C'est pourtant vrai, pauvre vieux.

D'ANLETRIN. — Et qu'ici nous mangeons dehors avec vingt-cinq degrés à l'ombre et un ciel bleu, bleu.

D'ENERVON, *à Mme des Audraies.* — Comme les yeux de ma voisine.

SUZANNE DES AUDRAIES, *à Mme d'Enervon.* — Ma chère, je vous dénonce votre mari, il me fait une cour de confiseur et dévalise d'avance mes desserts.

D'Enervon. — Si on ne peut pas être aimable pour la patronne un jour de pendaison de crémaillère...

Suzanne des Audraies. — D'abord ce n'est pas ma pendaison, aujourd'hui ça ne compte pas.

D'Anletrin. — Et nous pendons quand ?

Suzanne des Audraies. — Après le carnaval, quand nous serons installés enfin ; aujourd'hui on n'entre pas.

De Lusace. — Vous voulez aussi faire votre petit effet.

Suzanne des Audraies. — Et pourquoi pas ?

De Lusace. — Visitera-t-on les chambres et montera-t-on au premier passer la revue des éponges et des flacons de toilette ?

Suzanne des Audraies. — Quelles horreurs me dites-vous là !

D'Anletrin. — Chez votre bonne amie Mme des Grenaudes, à l'inauguration de son fameux hôtel, après le souper de crémaillère, on était invité à circuler de la cave au grenier ; et sur le marbre des toilettes les éponges étaient neuves et les flacons remplis jusqu'aux bouchons de cristal, attendant le client.

Suzanne des Audraies (*riant*). — Non, vraiment ?

D'Anletrin. — Demandez à ces messieurs (*il désigne les hommes présents*), à ces dames (*il montre Mmes des Fastes et d'Enervon*).

Tous font signe d'assentiment.

Suzanne des Audraies. — Eh bien, nous ferons donc visiter les chambres nous aussi, mais nous mettrons des flacons de Xérès et de Muscat et ces messieurs les videront. (*Offrant un plat à Mme des Fastes.*) Un peu de cette entrecôte, je n'ai pas vingt-cinq plats, je vous préviens, nous sommes à la campagne.

Madame d'Enervon, *à Mme des Fastes*. — Et vous y allez à ce bal ?

Madame des Fastes. — Vous me voyez bien perplexe.

Madame d'Enervon. — D'abord peut-on y aller ? (*A Mme des Audraies.*) Et vous, y allez-vous, chère amie ?

Suzanne des Audraies. — Mardi, chez la duchesse d'Hangomar, cela est très scabreux, à ce que prétend d'Anletrin.

D'Anletrin. — Je vous prie de ne pas me compromettre. La duchesse d'Hangomar est une de mes amies et je ne manque pas un de ses mercredis soir.

Des Audraies. — Mais conduiriez-vous votre femme à ses raouts du mardi gras ?

D'Anletrin. — Ça dépendrait de la femme que j'aurais épousée, mon cher.

Suzanne des Audraies. — Bien répondu, d'Anletrin.

De Lusage, *à Mme des Audraies*. — Je sais par qui nous serons intrigués maintenant.

Suzanne des Audraies. — Eh bien, oui, nous y allons, mais c'est tout un mystère.

Des Audraies, *grognant*. — Que tout Nice connaîtra ce soir.

Mesdames des Fastes et d'Enervon. — Merci du compliment, cher monsieur.

Des Audraies. — Ce n'est pas pour vous, mesdames.

D'Assailly, d'Anletrin et de Lusace, *se levant*. — Alors, c'est pour nous, vieux, dis, que tu cherches une affaire.

Suzanne des Audraies. — Allons, pourquoi ne pas avouer que nous y allons tous, c'est le secret de polichinelle, mais un peu d'incognito émoustille; car vous y allez, ma chère d'Enervon, et vous, madame des Fastes?

Madame d'Enervon. — Certes, oui, j'y vais, j'y étais bien l'année dernière.

Suzanne des Audraies. — Et c'est vraiment si drôle que cela?

D'Anletrin. — Je vous ai déjà dit qu'il y a plus de drôles que de drôleries dans ces bals-là.

Madame des Audraies, *à Mme des Fastes*. — Et vous? vous n'y allez pas, ma chère?

Madame des Fastes. — Moi ! comment donc ! je ne suis venue à Nice que pour ça.

Smokel, *se levant*. — Voilà une belle franchise qui me réconcilierait avec le sexe si la rancune était permise ! (*Portant un toast.*) A la franchise féminine découverte le 26 février, à Beaulieu, près de Nice, villa des Amandiers, chez nos am...

Suzanne des Audraies. — Voulez-vous bien vous taire ! Nous ne disons rien de nos costumes. (*Bas à M*^{me} *d'Enervon.*) Hein ! vous ne faites pas de frais.

Madame d'Enervon. — Mon domino de Paris avec des fleurs de Nice, celui que j'avais l'année dernière.

Madame des Fastes. — Moi, j'en ai apporté deux, je mettrai le plus frais chez la duchesse et l'autre dimanche au veglione.

D'Enervon. — Voilà ce qui peut s'appeler avoir des petites femmes bien sages.

Suzanne des Audraies. — C'est que nous ne sommes pas des paonnes, nous, et ne mettons pas quatorze mille francs dans des queues d'oiseau femelle.

Madame des Fastes. — Vous savez donc aussi ?

Suzanne des Audraies. — Comment ne le saurait-on pas ! Elle le chante et Pataprouf le clame ; c'est une réclame organisée pour la saison, moi, je la crois un peu mannequin.

D'Anletrin. — A moi, Malvina Brache ! (*A Suzanne des Audraies.*) N'exagérez-vous pas un peu, vraiment ?

Suzanne des Audraies. — Ah ! qu'importe, après tout, elle peut payer quatorze mille francs.

D'Assailly. — Certes, des Grenaudes tripote assez à la Bourse.

D'Anletrin. — Oh ! le costume est très allégorique ;

c'est bien les plumes des autres qu'elle portera ce soir-là, notre belle ennemie.

Suzanne des Audraies. — Oui, l'oie parée des plumes de paon.

D'Alsace. — Mais gare à la queue, si les diamants ne sont pas du bon strass.

D'Anletrin. — Vous ne connaissez donc pas Macroformando ?

De Lusace. — Le prince italien ! C'est parce que je le connais justement.

D'Anletrin. — Eh bien, vous le connaissez mal, si la queue est en vrai, c'est lui qui la sauvera et défendera la dame. Les sigisbés de Nice ne font pas des coups d'enfant.

VI

SI LE MONDE SAVAIT...

(*Air connu.*)

Dans un café louche, auprès de la gare, il est midi et demi. Nice déjeune ; dans les rues grouillantes de masques et de masquettes, dominos de lustrine et de satinette bleu pâle, rose, vert tendre, orange et de toutes les nuances et de toutes les couleurs, la vie est, en dépit de l'heure, enfiévrée et bruyante ; c'est aujourd'hui que Sa Majesté Carnaval XX fait sa dernière promenade triomphale dans sa bonne ville de Nice, escorté de ses trois cents gardes Hindous, monté sur son énorme et royal éléphant. Dans la journée dernière bataille de fleurs et de confettis, corso blanc, corso bleu sur la promenade des Anglais ; le soir, veglione dans tous les établissements de la ville et grand bal costumé chez la duchesse d'Hangomar.

Un domino de satin capucine (demi-fraîcheur), un pierrot de lustrine mauve tout fleuri de violettes et un troubadour du cortège du Carnaval, maillot bleu pâle et veste de peluche grenat ; tous les trois soigneusement masqués, sont attablés devant la porte dudit petit café.

LE TROUBADOUR. — Alors c'est partie remise ?... Rien à faire pour ce soir.

LE DOMINO CAPUCINE. — Faut pas y compter... la queue est en toc.

Le troubadour. — Malheur ? en toc... Elle n'est donc pas à la hauteur, sa gonzesse ? Encore une baronne à la manque !

Le domino capucine. — Non, mais a s'méfie ; et puis, cette vieille casserole de Pataprouf l'a mise en éveil. Lui a-t-il pas jaspiné qu'ici, même chez les duchesses, fallait pas sortir son jonc.

Le troubadour. — La vieille carne ! Y va donc pas crever, c'Pataprouf... Je lui conseille de débiner le truc, lui. S'y roule aujourd'hui carrosse, c'est pas en taillant des corsages à ses princesses qu'il a commencé.

Le pierrot mauve. — Le fait est que monsieur jadis en a mangé.

Le troubadour. — Comme nous et plus que nous... tout ça, c'est des faux frères !... Au lieu de s'entr'aider......

Le domino capucine. — Ça n'a pas de cœur, ça ne connaît que ses intérêts.

Le pierrot mauve. — Sans compter que ça n'a pas tort... s'il fallait compter sur les amis... (*Au domino capucine.*) Tu vas quand même chez la duchesse.

Le domino capucine. — J' te crois, j'ai fait mes frais de costumes, c'est bien le moins que je rentre un peu dans mes débours. Tu y vas, toi aussi ?

Le pierrot mauve. — J'l'écoute ; le prince m'a obtenu deux invitations, même que j'en ai bazardé une dix louis à un Américain de mon hôtel, par l'entremise de Lamirod. Je l'ai retrouvé là sommelier,

Le domino capucine. — Lamirod, l'ancien bijoutier du boulevard !

Le pierrot mauve. — Où l'on dessertissait si bien les diamants... trouvés.

Le domino capucine. — Et où l'on vous connaissait un peu, je crois, dans la boutique.

Le pierrot mauve. — Oui, j'y allais, mais lors de l'affaire je n'ai pas été cité.

Le domino capucine. — Oh ! chez le juge d'instruction seulement, il ne faudrait pas nous embarquer. (*Ils chuchotent en ricanant ensemble.*)

Le troubadour, *qui vient de vider deux carafons de kirsch.* — Alorse, y a qu' moi qui n'y va pas chez c'te duchesse ! et une soirée... tous les aristos à galette, la plus belle soirée d' la saison, où, paraît-y, y a des fortunes à faire... ! On m' trouve compromettant, moi, marquant trop mal... avec des jambes comme ça. (*Il se frappe les cuisses.*) Le Macroformando n'a pas les pareilles. Avec ça qu'y a là une vieille gonzesse un peu loufoque, qu'j'aurais pu p't'être bien enrôler, est-ce qu'on sait ? c'est ma situation qui m' fait rater, ah ! il me l' paiera, Spontanébiblo.

Le pierrot mauve. — Bon, voilà Malitorne plein comme un œuf, y va encore faire du pétard. (*Au domino capucine.*) Fais-le donc taire.

Le domino capucine, *au troubadour.* — Vóyons Ernest. (*Il lui parle bas.*)

Le troubadour. — Non, j'en ai assez, j'ai soupé

d'sa fiole, s'il a soupé d' la mienne. J' vas l' trouver. Oh ! Spontanébiblo, gare à la lessive, tu vas en découdre.

Le domino capucine, *le retenant.* — J't'ai déjà dit de n'jamais prononcer ce nom-là, c'est Macroformando qu'il faut qu'y s'appelle.

Le troubadour, *tout à fait gris.* — Macroformando, Macroformato, Spontanébiblo, ça n'empêche pas qu'c'est un de nous autres, c'est d'la bonne pègre. Fais pas l'malin, charogne, t'en as mangé. Si t'avais pas eu ta belle gueule pour décrocher ta vieille anglaise et son prince russe, tu les étoufferais encore, ces bonnes jumelles. (*Repoussant le domino capucine qui veut le faire taire.*) Oh ! il avait l'chic, l'soir des premières, en habit noir, avec du linge et portant beau. Fallait l'voir passer le long des loges en s'appuyant au rebord comme par hasard. Eventails et lorgnettes, fallait pas qu'ça traîne, ça lui tombait dans les poches, y s'est fait jusqu'à des cinq cents francs par soir et quand il s'est mis à aller dans l'monde, il en rapportait mince d'épingles. C'était l'moment des mouches en diamants ; ah qui n'les repoussait point, les mouches ! A lui l'pompon pour leur'z y cueillir l'abeille, la libellulle ou le scarabée de saphirs, mais v'là l'chiendent ! lui, il avait l'physique, tandis que, moi, on ne m'fait travailler que masqué et encore ! (*Il s'affaisse avachi sur sa chaise.*)

Le pierrot mauve, *qui n'a pas cessé de verser*

verre sur verre de cognac au troubadour. — Il a son compte, maintenant hélons un fiacre.

Le domino capucine. — Oui, rentrons-le chez moi. Comptez-vous vous occuper ce soir?

Le pierrot mauve. — Oh! rien que pour m'entretenir la main, pour ne pas en perdre l'habitude? Macroformando m'a bien recommandé de ne rien risquer ce soir.

Le domino capucine. — C'est comme moi, histoire de ne pas laisser se rouiller les instruments de travail.

(*Ils hèlent un fiacre qui passe, y chargent le troubadour absolument ivre et montent avec lui.*)

VII

L'ÈRE DES GAFFES

Marquise Simonne d'Héfleurons,
   En son hôtel, 24, rue de Varennes,
     Paris.

« Ah ! ma chérie, suis-je assez en retard avec toi, mais quelle semaine ! le carnaval, son brouhaha, ses masques et ses masquettes, affreux entre parenthèses (c'est le carnaval du pauvre que ces dominos de lustrine et ces pierrots de satinette), les corsos bleus, les corsos blancs, les vegliones et sa majesté vingtième du nom, montée sur son éléphant, le défilé des déguisés, les batailles de fleurs et de confetti, les chars primés et les costumes à bannière, les scandales de la soirée des pardessus, le pillage des vestiaires, les méprises et les surprises de huit jours de folies et de travestissements, tout cela n'est rien auprès de la série des gaffes et d'algarades et de la mésaventure finale de la baronne des Grenaudes unique du nom.

« Cela dépasse l'imagination et, comme le dit très drôlement d'Anletrin, c'est chez elle un ridicule inné qui dérange toute probabilité et déroute toute hypothèse. Elle est en matière de gaffe et de grotesque au-dessus de tout ce qu'on peut prévoir, au delà de tout ce qu'on a prévu. Je commence et encore ne te citerai-je que les gaffes principales, celles dont tout Nice a ri aux larmes et se tient encore les côtes en proie aux convulsions.

« Cela a débuté à la bataille des fleurs samedi dernier, sur le corso; les des Fastes nous avaient invités à venir voir le défilé de leurs fenêtres de l'hôtel Beaumirage. Ils occupent tout l'appartement du premier. Nous voilà donc installés au balcon, les d'Enervon, les des Fastes et nous deux Gontran avec nos flirts ordinaires, d'Anletrin, Smokel, de Lusace et d'Assailly, plus miss Enigma arrivée de la veille.

« Nous étions donc tous sur le balcon de l'hôtel Beaumirage, délicieusement enguirlandé de roses de Nice et de fleurs d'amandiers (une attention de d'Anletrin, tu le devines) et nous avions déjà salué et bombardé de pétales au passage et le landau de la duchesse d'Hangomar, tulipes jaunes et pivoines, et la victoria de Valtesse, roses blanches et jonquilles, et celle de Rosa Bruk, œillets blancs et fleurs mauves de glycines, je crois, le cob du beau Max, renoncules et mimosas et *tutti quanti* et cœtera, je te fais grâce de la nomenclature, quand dans une calèche attelée à la Daumont et monstrueusement décorée de ces œillets verdâtres trempés dans les acides qu'on essaie depuis trois mois de lancer, sous un amoncellement de fleurs aux tons de cadavres, œillets couleur de soufre, roses violâtres et narcisses horriblement teintés, le triomphe de tout ce qu'il y a de plus cher en mauvais goût qu'apercevons-nous...? maquillée, diamantée et tournant elle-même au bleuâtre dans une robe blanche à broderies mauves parmi ces fleurs décolorées, Mme la baronne des Grenaudes elle-même et bon Dieu comment accompagnée.... !

« Par une grande créature à tête chevaline, à beauté dévastée, mais très troublante encore, au dire de ces messieurs, avec ses grands yeux caves et ses lèvres minces outrageusement peintes, Sarah Leykson, une ancienne de la haute noce, un moment divette d'opérette, étoile du ciel de lit surtout, déesse du petit hôtel chèrement adorée et enfin aujourd'hui comtesse authentique bel et bien mariée (les hommes sont si bêtes) et dévote assidue des églises de Monaco !

« D'ailleurs très belle villa dans la vallée de Vintimille, maison montée et table ouverte à toutes les pelures du littoral, le salon des refusés des petits amis du duc d'Hangomar et autres Macroformando.

« Et c'est cette comtesse (car elle est comtesse) que la baronne des Grenaudes nous exhibait triomphalement, exultante d'orgueil, épouffante, érupée, voilà la fleur de Nice, la fleur de noblesse et d'aristocratie... de champ d'azur à vol de grues qu'elle avait trouvé le moyen de dénicher..., Sarah Leykson, Sarah des Nouveautés, aujourd'hui des Antiques (le mot est de Lusace, je ne ne veux pas le lui chiper).

« Inutile de dire qu'elle ne nous a pas salués.

« — J'aime autant ça, a déclaré d'Anletrin, cette pauvre Sarah, ça nous aurait gênés.

« Ah ! ces deux pâleurs tournant au bleu au milieu de ces fleurs vertes, ce que cela nous a impressionnés.

« Rien que de la voir j'étais vengée, car elle a fait courir d'affreux bruits sur mon compte, la baronne des Grenaudes.

« Mais, bon ! voilà Gontran qui rentre, et nous dinons ce soir chez les Lacroix-Larive, à Cimiez.

« Je t'embrasse, la suite au prochain numéro.

« *Ton amie :* Suzanne des Audraies. »

Marquise Simonne d'Héfleurons.
En son hôtel, 24, rue de Varennes,
Paris.

« Je reprends donc le fil de mes discours ; j'ai laissé Mme des Grenaudes dans sa calèche historiée d'œillets verts et de narcisses mauves en compagnie de

Sarah Leykson ; c'était le samedi gras. Le lendemain, dès l'aube, les paris étaient ouverts, Mme des Grenaudes arborerait-elle oui ou non sa queue de paonne en pierreries au veglione blanc et mauve du soir ? Le costume était arrivé la veille et déjà tout Nice s'entretenait de cette huitième merveille, des bandes de pickpockets étaient organisées, disait-on, pour subtiliser la queue en question.

« Vraies ou fausses, les pierres précieuses de la célèbre queue ? Là était le véritable intérêt du problème ; d'Anletrin avait parié pour, moi contre, et dans notre bande nous étions tous divisés en deux camps, d'Assailly contre de Lusace, Smokel contre miss Enigma et les des Fastes contre les d'Enervons ; un dîner à tout casser était l'enjeu des perdants.

« Mme des Grenaudes attendrait-elle jusqu'au mardi pour exhiber devant toute la colonie éblouie ces quarante-cinq mille francs de diamants, de saphirs, d'émeraudes et de rubis ?

« Lundi, à deux heures du matin, d'Anletrin, de Lusace et les d'Enervons avaient perdu. Mme des Grenaudes venait de faire son entrée au grand veglione au bras du prince Macroformando, cela va de soi, tous les deux engoncés dans des dominos de brocart mauve brodés de perles (mais de perles fausses) et plus pareils aux deux portières d'un mauvais lieu (je cite du de Lusace) qu'à deux honnêtes masques en quête d'aventures. Impossible ici de répéter les plaisanteries de ces messieurs. De Lusace et d'Anletrin eurent l'infernale idée de monter à la dame les plus cruels bateaux ; feignant de ne pas la reconnaître, ils vinrent, toute une bande, palper chacun leur tour le brocart de son domino. « De la faille première, hein, et du chouette et du beau, ça doit te coûter cher, tes perles sont-elles vraies ? alors gare à la pègre. Te verra-t-on mardi chez la duchesse ? Tu feras bien de mettre du vrai ce soir-là, car il y en aura de ces joyaux. Il y a une dame qui en aura pour quarante-cinq mille francs, rien que dans le dos. » Et toutes les folies de la terre, la prenant tour à tour pour Mme de Rute et Malvina Brache ou quelque autre grand'mère, si le scandale des vestiaires n'avait éclaté à temps pour réhabiliter la réputation de bravoure de ce cher Formando.

« Des perles fausses ! la dame était tellement outrée de cette surprise en flagrant délit de bijoux faux, que dès le lendemain, à la musique de la jetée-promenade, tout le Nice qui n'allait pas au raout Hangomar était convié à venir admirer la paonnesse en sa mirobolante traîne de quarante-cinq mille dans son appartement de l'hôtel Westminster, de onze heures à minuit, avant le départ pour le bal.

« Tout Nice, tu m'entends, y compris les des Fastes et les d'Enervons, qui à l'heure qu'il est jurent encore leurs grands dieux n'avoir jamais mis les pieds chez la duchesse, et ils y ont passé toute la nuit de mardi avec la servante d'Anletrin et Gontran ; et son invitation lancée, les paris de partir de plus belle, et les parieurs *pour* de relever la tête, et les parieurs *contre* de baisser la leur. Puisqu'elle convoquait tout Nice à venir voir, les diamants n'étaient donc pas faux.

« Et le joli est qu'ils le sont. Mme des Grenaudes est rentrée du bal d'Hangomar avec toute sa traîne, toute sa queue intacte et d'Anletrin prétend que c'est là un argument suprême. Si le quart des bijoux étalé là eût été du vrai, la queue eût été coupée à la sortie de la fête ou dans le bal même ; mais les pickpockets qui n'opèrent que sur renseignements avaient été prévenus et de première main par quelqu'un des leurs, et les leurs ne doivent pas manquer dans l'entourage extraordinaire qui fait escorte à Nice à Mme des Grenaudes et à Sarah Leykson, confidents du jeune duc, menins du prince Yousoff, un russe invraisemblable dont je te dirai l'histoire, et autres affiliés du suave Formando.

« Enfin la queue du paon est saine et sauve, nous avons quatre dîners sur la planche au London-House, mais dans la soirée du mardi 1er mars on a dérobé à Mme des Grenaudes deux dormeuses dans les six mille qu'elle avait laissé traîner sur sa table de toilette. Un des aimables visiteurs convoqués à admirer la queue s'était évanoui sur cette bagatelle. Quelque ami, sans doute, dit toujours d'Anletrin, du cher Formando.

« Invitez donc les gens à venir admirer vos bijoux faux, ils emportent les vrais.

« Dire qu'ils auraient pu m'en emporter pour cent mille francs ! garrule la dame, je dois m'estimer bien heureuse. » Mais, au fond, elle rit jaune et quitte son hôtel, une baraque dont le personnel n'est pas sûr et dont, les nuits de carnaval, tous les chienlits de la rue envahissent les chambres ; elle cherche à Cannes une villa où s'installer jusques au 15 avril et est en pourparlers, dit-elle, avec la princesse, qui ne se soucie plus de rester ici depuis l'affaire Deacon.

« Quel volume ! Auras-tu le courage de me lire ; je me sauve et t'embrasse.

« Suzanne des Audraies. »

VIII

CHEF DE BANDE

Chez le prince Macroformando, quai du Midi, dans un rez-de-chaussée somptueusement meublé. Peluches violâtres et velours de Gênes, écroulements de coussins brodés à ses armes, portraits de famille à cadres fastueux drapés d'étoffes anciennes, dont une duchesse de Florence, mariée à un Borgia et un doge de Venise, tableaux de maître dérobés à la galerie du Palais Formando, bahuts lourds d'authentisme. Piquées dans l'encadrement de la glace de la cheminée quantité de photographies de femmes, actrices et mondaines, dans les décolletés le plus... audacieux ; toutes sont d'ailleurs à dédicace ! Quelques-unes représentant d'absolues nudités, vues de dos, sont timbrées d'une couronne fermée, d'une couronne à trèfles ou du moins à neuf perlés, c'est le livre d'or de la noblesse cosmopolite de table d'hôte et de casinos.

Le prince Giuseppe Macroformando, en complet de panne rubis ouvert sur une chemise de soie blanche, cravaté d'une cordelière de soie bleu pâle et chaussé de babouches en cuir chair brodé d'argent, son pied ganté de soie noire, est nonchalamment renversé sur un amoncellement de coussins et fume des cigarettes turques tout en écoutant son ami Robert d'Atout, assis de côté sur le rebord de la table de travail, encombrée de paperasses et de bibelots ; odeurs compliquées et violentes d'eau de Chypre, de papier d'Arménie, de tabac turc et de mimosas !

Par la porte entr'ouverte du cabinet de toilette s'aperçoit tout un jeu de brosses, de cuvettes et de flacons d'argent niellé d'or.

Le prince Giuseppe. — Alors tu peux m'affirmer que ce n'est ni Tommy, ni Jack, ni Ernesto, ni Jim qui ont fait le coup.

Robert d'Atout. — Je t'en fais ma parole. Jack et Tommy étaient avec moi au bal de la duchesse, Jim à Marseille, où Maxime lui avait télégraphié pour *affaire*, et Ernesto, saoul comme un Polonais, enfermé chez Tommy de crainte qu'il ne babille, ne gaffe et ne se fasse prendre.

Le prince Giuseppe. — Alors, qui a bien pu étouffer cette paire de boucles d'oreilles en brillants?

Robert d'Atout. — Sais pas. Dans les six mille, les boucles?

Le prince Giuseppe. — Peuh! dans les quatre à cinq... une bagatelle, et je m'en fiche, mais ce qui m'embête, c'est que cela crée un précédent... La municipalité s'est alarmée, on a télégraphié à Paris, Nice est depuis huit jours plein de mouches et de vigilants, les prochains vegliones, ceux de la Mi-Carême, seront très surveillés et puis la dame est en éveil, elle se méfie et veut quitter son hôtel... Une fois intallée dans une villa à elle, avec des domestiques à elle, nous pourrons dire adieu aux perles et aux écrins, ma vieille... Et puis comment mettre la main dessus, une fois en maison particulière... Ce n'est pas moi qui vais opérer, n'est-ce pas... Ah quel chiendent!

Robert d'Atout. — Tu n'as pas de lettres d'elle!

Le prince Giuseppe. — Le coup de chantage, les

lettres au mari... eh, c'est bien vieux jeu... et puis je serais brûlé après un coup pareil : Nice ne me serait plus possible.

Robert d'Atout. — Pour ce que ça rapporte cette année !

Le prince Giuseppe. — Le fait est qu'entretenir une escouade depuis un mois pour quatre malheureuses pelisses dans les deux mille, le portefeuille de M. Obédine et les cinq cents francs de M. Grison... c'est encore nous qui y sommes de notre poche.

Robert d'Atout. — Et ça en a fait un de ces scandales, ils ont crié pour un million.

Le prince Giuseppe. — Ne m'en parle pas, je vois rouge quand j'y pense ! et ce vol de boucles d'oreilles de Mme des Grenaudes, arrivant le surlendemain, et brochant sur le tout, et, qui pis est, comme on ne sait par qui..., six mille francs qui nous passent sous le nez, quand nous n'avions qu'à nous baisser et à prendre..., six mille balles raflées par un maraudeur, par un gâte-métier qui n'est pas de la maison... ! Malheur !

Robert d'Atout. — Et toi qui nous avais tant recommandé de ne rien tenter ce soir-là du côté des Grenaudes !

Le prince Giuseppe. — Naturellement, j'avais mon plan..., je voulais endormir l'enfant.

Robert d'Atout. — Ah ! les temps sont durs !

Le prince Giuseppe. — Et au cercle, ça ne va donc pas, ce petit écarté des familles ?

Robert d'Atout. — Pas de pontes sérieux et une marmelade d'officiers étrangers...

Le prince Giuseppe. — Toute la Grèce, je vois ça. Une concurrence, hein

Robert d'Atout, *découragé*. — Les rois leur pleuvent des manches... ils m'ent font peur, c'est maladroit.

Le prince Giuseppe. — Ah ! les traditions se erdent... Et le prince Yousoff, est-ce qu'il avance ?

Robert d'Atout. — En reculant ; je crois que ce sera dur aussi de ce côté-là.

Le prince Giuseppe. — Dame ! il la connaît, ce n'est pas sa première affaire ; un bon conseil, fais des armes, soigne tes attaques... il est d'origine italienne, il flanchera.

Robert d'Atout. — T'es gentil pour tes compatriotes !

Le prince Giuseppe. — Ah ça !... tu veux rire... Je suis né rue Nollet, aux Batignolles. Moi, si je suis Italien, c'est pour ne pas compromettre la France, et puis les femmes aiment mieux cela !

Robert d'Atout. — Mme des Grenaudes aussi ?

Le prince Giuseppe. — Mme des Grenaudes aussi ; mais elle est bien femme de banquier, elle est prudente...

Robert d'Atout. — Alors, ses lettres ?

Le prince Giuseppe. — Rien à faire encore. Nous ne les perdrons pas de sitôt, je crois.

(*On sonne ; le valet de chambre apporte une*

lettre sur un plateau de vermeil émaillé et blasonné.)

Le prince Giuseppe, *lisant la lettre.* — C'est d'elle, justement... Elle me demande mon bras pour l'accompagner à Monte-Carlo, ce soir : vingt francs de voiture, soixante de dîner... voilà encore cinq louis qui tombent... Avance-moi donc dix louis, toi, le caissier de la bande.

(*Robert d'Atout puise dans son gilet et met dix louis dans la main du prince.*)

Le prince Giuseppe. — Merci, dès l'instant venu, je te ferai signe ; viens causer avec moi un de ces matins, mais évite-moi en public et surveille de près la bande d'Anletrin, Smokel et des Audraies, des bêcheurs et à la coule, tu sais, aussi méfie-toi.

IX

AU RAPPORT

Chez le prince Macroformando, dans son rez-de-chaussée du quai du Midi, décor somptueux déjà décrit. Le prince, en élégant complet d'homespun pain brûlé, cravaté de rouge vif et ganté de peau de chien, se promène fiévreusement en cinglant de sa canne la peluche des divans et la soie des coussins ennuagés de poussière ; par les fenêtres grandes ouvertes on aperçoit le ciel bleu et la mer et, se détachant très clair dans toute cette lumière, le groom et le buggy du prince ; le cheval est fleuri d'œillets roses à la têtière, comme la boutonnière du veston du prince ; c'est le matin.
Une portière se soulève : entre effaré, Robert d'Atout en complet gris ardoise, cravaté de bleu turquoise, la boutonnière fleurie de cyclamens, moustache trop blonde excessivement travaillée aux teintures.

Le prince Giuseppe. — Enfin !

Robert d'Atout. — Tu me fais demander, j'accours.

Le prince Giuseppe. — C'est heureux, tu en fais de belles.

Robert d'Atout. — Moi ! qu'est-ce qu'il y a

encore? Voilà deux nuits que je ne joue pas au cercle.

Le prince Giuseppe — C'est un tort, où les passes-tu alors?

Robert d'Atout, *d'un air fat*. — Ça, c'est mon affaire.

Le prince Giuseppe. — Une petite femme?

(*Robert d'Atout fait le geste d'envoyer un baiser en faisant claquer ses lèvres.*)

Le prince Giuseppe, *très froid*. — Une aventure... Imbécile, tu as donc du temps à perdre.

(*Robert d'Atout reste coi.*)

Le prince Giuseppe. — Il ne s'agit pas de cela, tes nuits t'appartiennent, mais qu'est-ce que ces lettres? (*Il tire de son veston une liasse de papiers parfumés de nuance claire qu'il étale sur la table.*)

Robert d'Atout, *jetant les yeux sur les papiers*. — Ces lettres, connais pas.

Le prince Giuseppe. — Elles sont signées Robert pourtant, (*il prend une lettre au hasard et la lit haut*) et d'un style qui te ressemble, c'est d'un coco : « Madame, je n'ai pas l'honneur d'être connu de vous, mais j'ai le malheur, moi, de vous connaître ; voilà huit jours que j'ai perdu le sommeil, que je m'agite comme un fou sans âme, avec une idée fixe, celle de vous revoir, et un espoir insensé, je le sais, celui de vous approcher. Ah! si vous vouliez être bonne, par pitié pour mes vingt-cinq ans désormais enténébrés d'un deuil irréparable (tu l'as pigée, cette phrase), vous daigneriez répondre au plus obscur de vos admirateurs, R. H. X. poste restante, et fixer vous même la nuance et la fleur de la boutonnière que je devrai avoir demain soir, au concert de la Jetée-Promenade, pour me faire enfin connaître de vous. Je suis blond, je suis grand, et des femmes, dont j'ai oublié le nom du jour où je vous ai vue, me disaient encore il y a un mois : « Robert, je t'aime et tu es beau. » Ne brisez pas un cœur dont vous êtes maîtresse, ne tuez pas une âme qui n'espère qu'en vous ».

Ça pourrait presque s'imprimer dans les petites annonces des quatrièmes pages, mais le malheur est que tu manques d'imagination et, qu'à part la nuance du papier qui seule diffère, elles se ressemblent toutes, les petites circulaires...

Robert d'Atout. — Je t'assure, je te donne ma parole.

Le prince Giuseppe. — Allons donc, tu es la fable de toute la ville et vas être forcé de déguerpir avant ce soir. C'était hier, au restaurant Français, la conversation de toutes les dîneuses ; ta lettre, elles l'avaient toutes dans leur poche, et ce n'étaient ni les jeunes ni les jolies, mais les mûres, les femmes dites du monde à maris poivre et sel, à rentes présumables, pivoines de l'adultère emperlées de diamants.

Robert d'Atout. — Je tombe des nues.

Le prince Giuseppe, *chavirant ses papiers*. — Et cela pleut dans Nice depuis huit jours ; elles sortent de l'hôtel, vont au casino, à Monte-Carlo, à la Jetée-Promenade et, en rentrant, trouvent la circulaire glissée, les unes dans leur corsage, les autres dans leur jupon, et c'est une joie de se les montrer de l'une à l'autre ; on appelle ça *dépouiller le dindon*, juge un peu du succès de ta correspondance. Mme d'Enervon en a une ; Mme des Fastes en montre deux et Mme des Grenaudes en est à sa septième de style varié, car elle en vaut la peine, elle ; quatre cent mille francs de rente et quarante-cinq ans, Mme des Grenaudes (*il fait le geste de lui tirer l'oreille*), imbécile !

Robert d'Atout. — Ah çà ! me crois-tu assez sot pour aller marcher dans tes plates-bandes, je te donne ma parole que ce n'est pas moi.

Le prince Giuseppe. — Mais tout Nice le croit, et c'est là le chiendent. Il faut trouver quelqu'un, un auteur responsable ; je te donne vingt-quatre heures, passé ce délai, il faut filer, mon ami, tu compromets l'association.

Robert d'Atout. — Mais je ne vois personne.

Le prince Giuseppe. — C'est ça qui m'est égal, j'en ai assez de payer pour les autres, on finirait par me soupçonner, parole. Tu trouveras bien cela parmi les amis du petit duc d'Hangomar, il n'y a qu'à taper dans le tas, dans ce salon, et, tu sais ! je veux un duel, un procès-verbal ou tout au moins une provocation, tu peux d'ailleurs choisir un innocent. (*Se penchant vers la fenêtre.*) Bon, voici d'Anletrin et des Audraies qui passent, renfonce-toi dans ce coin, je ne me soucie pas qu'ils te voient ici avec ta sotte réputation.

X

RÉHABILITÉ

Dans une première loge au théâtre du Casino municipal, Mme des Grenaudes, toutes voiles et toutes épaules dehors, et la comtesse de Zuiderzée, autrefois Sarah Leykson, sont installées avec force boîtes de fruits frappés, de fleurs confites avec pinces en vermeil sur le devant de la loge.

Ces dames sont seules ; effets de bras, de nuques, d'éventails de plumes, de faces à main et de lorgnettes ; au bord de la loge est posé un énorme bouquet de lilas blanc et de Gloires de Dijon.

Madame des Grenaudes. — Ah ! ce Coquelin, il n'y a que lui !

La comtesse de Zuiderzée. — Le fait est qu'il emplit la scène à lui seul.

Madame des Grenaudes. — M. des Grenaudes, disait encore cet hiver à Claretie : « Vous laissez partir Coquelin, mais vous êtes une Société qui perd son plus gros actionnaire. » (*Lorgnant une très jolie femme blonde qui vient d'entrer dans une loge vis-à-vis.*) Qu'est-ce que cette nouvelle venue ?

elle n'est ici que depuis peu, je ne l'ai pas encore vue.

La comtesse de Zuiderzée, *qui a parfaitement reconnu Églantine d'Avril, une de nos jolies morphinées, entourée d'un escadron volant de jeunes et vieux adorateurs.* — J'ignore absolument qui ça peut être.

Madame des Grenaudes, *la lorgnant toujours.* — Elle a de la taille, de l'allure, les bijoux sont bien montés et son corsage est de Pataprouf, ça je le reconnais ; mais c'est Smokel et d'Assailly qui l'accompagnent ; que va-t-on dire, villa des Amandiers ? Ça se décollerait donc aussi par là ; le fait est qu'elle est cent fois mieux que cette petite comtesse des Audraies. (*Se retournant vers la porte de la loge qui vient de s'ouvrir.*) Ah! voici le prince, il va savoir, lui.

(*Le prince Macroformando, éblouissant en tenue de soirée, le plastron de sa chemise étoilé de saphirs, pommadé, vernissé, avec un énorme orchidée à sa boutonnière, se penche obséquieusement sur la main que lui offre la baronne des Grenaudes et la baise avec une débordante passion ; toutes les lorgnettes se braquent sur l'entrée à baise-mains du prince.*)

Madame des Grenaudes, *rayonnante de l'effet obtenu.* — Comme vous nous arrivez tard, cher prince !

Le prince Giuseppe. — Comme un homme qui

vient de servir de témoin à Vintimille, et vous arrive à bride abattue de la frontière.

Madame des Grenaudes. — Un duel, vous m'épouvantez !

Le prince Giuseppe. — Un duel, vous l'avez dit. Un brave garçon de mes amis vient de flanquer deux coups d'épée à l'auteur des petites circulaires amoureuses qui, depuis huit jours, inondaient Nice ; vous savez, les épîtres à Chloris dans le genre de celles que vous avez reçues. Eh bien, leur auteur est en ce moment couché dans un lit d'auberge, sur la route de Turin, avec un pansement antiseptique, et il n'écrira pas d'ici deux mois, le cher monsieur.

Madame des Grenaudes. — Mais c'est tout un scandale ; contez-nous ça.

La comtesse de Zuiderzée. — Mais comment n'en a-t-on rien su ? cela a dû faire du bruit, cette affaire ?

Le prince Giuseppe. — J'avais recommandé à mon ami Robert d'Atout la plus grande prudence et le plus grand mystère ; il s'agissait de la réputation d'un galant homme, et en Italie nous ne badinons pas avec les affaires d'honneur.

La comtesse de Zuiderzée. — Robert d'Atout, ce grand blond à moustaches de chat, le joueur ?

Le prince Giuseppe, *l'arrêtant du regard*. — Joueur malheureux, il a mangé déjà deux fortunes ; bref, Robert d'Atout est mon ami, et c'est moi-même qui l'ai poussé à ce duel.

Madame des Grenaudes. — Savez-vous que vous êtes un homme terrible.

Le prince Giuseppe — Quelquefois ; d'ailleurs ce duel était nécessaire, maintenant il n'y a plus d'erreur possible, d'Atout est sain et sauf, et ceux qui auront l'air de sourire demain, ceux-là, moi, je m'en charge.

Madame des Grenaudes, *délicieusement terrorisée*. — Mais quel soupçon planait-il donc sur votre ami d'Atout?

Le prince Giuseppe. — Oh ! moins que rien; l'épistolier de ces poulets ridicules signait tout simplement Robert. Comme mon ami est fort connu dans les cercles et dans le monde de Nice, l'opinion publique le désignait pour l'auteur.

La baronne des Grenaudes, *admirative*. — Et c'est pour cela seulement?

Le prince Giuseppe. — Que vous faut-il de plus ? c'est pour cela seulement que mon ami d'Atout a barbouillé le nez à cet imbécile dans l'encre violette de ses lettres, d'où constitution immédiate de témoins, procès-verbal et rencontre dont je suis heureux de vous apporter les nouvelles toutes fraîches ; mais le voici justement. (*Il salue Robert d'Atout qui s'installe à l'orchestre.*)

La baronne des Grenaudes. — Où ça? montrez-le moi, ce vainqueur triomphant.

Le prince Giuseppe. — Êtes-vous assez femme, c'est l'homme du jour et vous voulez le connaître.

4

Madame des Grenaudes, *tendrement*. — Soyez pas jaloux, Giuseppe.

La comtesse de Zuiderzée, *lorgnant*. — Là-bas, au troisième rang, cinq, six, sept, huitième fauteuil, un grand blond à teint clair, moustache en broussaille.

Madame des Grenaudes, *lorgnant*. — Ah! mais, c'est qu'il est très bien, ce garçon, c'est votre ami?

Le prince Giuseppe. — Et le plus sûr et le plus loyal, je m'en porte garant.

Madame des Grenaudes. — Mais il a tout pour lui, ce garçon; vous me le présenterez à l'entr'acte.

Le prince Giuseppe. — Son affaire d'aujourd'hui ne vous suffit donc pas, et vous voulez que je lui cherche querelle.

Madame des Grenaudes, *à voix basse*. — Vous êtes un enfant.

Le prince Giuseppe. — Soit, vous serez obéie, je vais vous le chercher. Et dire qu'auparavant vous ne l'aviez même pas remarqué!

XI

DÉPLACEMENT

Comtesse Suzanne des Audraies,

Villa des Amandiers-Beaulieu (Alpes-Maritimes).

« C'est décidé, nos malles sont faites et je t'arrive, c'est-à-dire nous t'arrivons, moi, Herbert et les enfants ; tu as une grande chambre, m'as-tu écrit, avec cabinet de toilette plus vaste encore exposé au soleil, c'est tout ce qu'il nous faut. T'ai-je assez prise au mot, tu le regrettes peut-être, mais non, je te connais ; et puis il ne me déplait pas de venir un peu surveiller les agissements de ce cher d'Anletrin qui, d'après ce que je lis entre les lignes, te fait scandaleusement la cour ; toi aussi, tu auras ton paquet à ce propos, car tu te compromets un peu, ma petite Suzanne, mais je ne t'ennuierai pas longtemps, je suis restée mademoiselle Subito-Presto, et ça ne traîne pas avec moi, les reproches que j'ai à faire ou les avis que je crois donner aux amis. Pourquoi nous nous décidons si tard! dame, c'est un peu la faute au printemps qui ne se décide guère à venir; nous venons d'être ensevelis huit jours sous les neiges et il souffle sur Paris une petite bise aigre, aigre comme l'humeur de ma belle-mère, et puis, j'ai mon André qui tousse, et puis nous fuyons un peu, à vrai dire, devant les dynamitards; le boulevard Saint-Germain n'est pas si loin de la rue de Varennes et l'on prétend tous les hôtels du faubourg condamnés, signalés, minés et contre-minés, le nôtre comme les autres. Tous nos domestiques, y compris les *vieux serviteurs fidèles*, ceux qu'on se passe de père en fils, sont, paraît-il, enrôlés dans la bande et ce sont eux-mêmes qui déposent les boîtes dans les escaliers; eh bien, qu'ils sautent, ces messieurs, si tel est leur bon plaisir, moi je n'en ai nulle envie de sauter, quoique marquise, et puis, je meurs d'envie de voir enfin des fleurs, des vraies, du vrai ciel et du vrai soleil, et puis, il y a encore des vegliones et des masques et des mascarades cette semaine de la Mi-Carême.

« Ici le carnaval a été calme, malgré les comptes rendus des feuilles qui ont vu le carnaval romain passer le Mardi-Gras le long des grands boulevards sous une neige de confetti; j'ai reçu moi-même en plein visage une poignée de petits papiers salis de poussière et maculés de boue qui m'a coûté un chapeau neuf ; ce sont les confetti parisiens : ça se jette en l'air, ça retombe sur le trottoir et ça se ramasse dans le ruisseau ; tout le monde a piétiné dessus, mais ces messieurs, le plus verni des calicots comme le dernier des voyous, se font un vrai plaisir de vous en barbouiller les joues, c'est tout à fait charmant ; il paraît que cela enchante les demoiselles du Casino de Paris.

« Tu as du nez, va, d'aller t'installer, toi, dès le 3 février, en pleines fleurs de Nice, et, en dehors des premières, et pièces à comptes rendus de Sarcey et des autres Pythies de la critique, je t'assure que tu n'as rien perdu.

« Si fait, tu as manqué le grand événement de l'hiver, le Salon des Rose-Croix et son ouverture.

« A cause des La Rochefoucauld et de ce pauvre Antoine, nous y sommes allées toutes ; mais j'en ai été malade, non, vrai, impressionnée à en rêver la nuit ; c'est d'un *putrescent*. C'est encore plus compliqué que les Monet et les Signac, et tout cela baigne dans un halo bleu de grottes sous-marines qui vous poigne l'âme et vous angoisse ! On se croirait à l'aquarium de Jardin d'Acclimatation.

« Tu te rappelles ces horribles bêtes que nous sommes allées voir ensemble, comme des araignées à carapaces, des bêtes lourdes et molles, presque aveugles, avec un fourmillement de mille pattes s'agitant sous une sorte de bouclier jaunâtre tigré de noir. Eh bien ! leurs tableaux ne représentent que des machines de ce genre, des têtes sans corps, pareilles à des grosses fleurs de nénuphar flottant sur des eaux stagnantes, de femmes larveuses dont le corps se termine en long ver, ces affreux vers de terre qu'on coupe avec la bêche, des têtes de monstre dardant un œil énorme affreusement lumineux sur des plaines nocturnes où s'accroupissent comme des crapauds blancs d'affreuses constructions mauresques, c'est cauchemardisant. Ce que j'ai trouvé de mieux, moi, c'est le tableau d'Antoine lui-même, représentant une Annonciation d'archange en robe d'or apparaissant à une première communiante dans un jardin plein de fleurs ; au moins c'est reposant et honnête.

« Herbert, lui, est absolument fou d'un certain M. Knoph, un Rose-Croix belge qui m'a tout l'air d'être élève inconscient de Gustave Moreau et de Félicien Rops ; il y a naturellement un portrait du sâr Peladan lui-même en perruque aile de corbeau et dalmatique violet évêque (quand on prend du galon, on n'en saurait trop prendre) et une allégorie tachiste verte soufrée de bleu de ce pauvre Antoine, représente ce fils des anges, ailé comme un cygne et haranguant, le glaive en main, une tarasque de gouttière échappée des toiles peintes d'un théâtre forain ; j'en passe et des meilleures. Autre mascarade : on monte, chez Mme Aubernon de Nerville, la *Maison de Poupée* d'Ibsen ; la *Maison de Poupée*, avoue que c'est bien là sa place, Mme Radeau de la Méduse y tient, dit-on, un rôle. Donc, à dimanche matin ; nous resterons un jour à Marseille.

« SIMONNE D'HÉFLEURONS. »

XII

SCANDALES ET Cie

Marquise Simonne d'Héfleurons
En son hôtel, 24, rue de Varennes,
Paris.

« Arrive, ma chérie, arrive. Tu peux arriver, toi et tous les tiens et même tes amis, il y a de la place aux Amandiers et d'autant plus que tu trouveras la maison vide, nous partons demain nous installer à Florence.

« C'est comme cela, Gontran m'enlève... nous ne restons pas une minute de plus à Nice. Je ne serai même pas là pour t'embrasser à la gare et te conduire à Beaulieu ; rassure-toi, je te laisse tous les domestiques, je n'emmène que ma femme de chambre et tu me ferais la plus grande peine et, qui pis est, tu me jouerais le plus *sale tour* en ne venant pas. Ton arrivée ici est annoncée, et ce qu'elle facilite notre départ, ton arrivée en masse ici avec toute ta smala ! Notre départ s'explique de lui-même et tout va de soi : nous avions loué à compte et demi et nous te cédons la place... On ne peut plus pourtant s'entasser quinze dans cette bicoque, comme dirait Mme des Grenaudes.

« Surtout, à cause d'elle, ne va pas changer d'idées, ma petite Simonne, viens, viens et plutôt deux fois qu'une ; tu ne sais pas quel service tu me rends en arrivant tout de suite t'installer aux Amandiers ; tu fais tomber un tas de vilains propos sur Gontran et sur moi, tu sauves la situation et deviens la *dea ex machina* du drame, car il y a eu un drame, hélas ! et un de corsé de drame, une scène avec Gontran et des potins, des potins... à perte de vue... depuis Beaulieu jusques à Cannes... Non, ce que le nom de ton amie si calme et si réservée des Oiseaux a circulé toute une journée dans la bouche des demoiselles de Monte-Carlo et des promeneurs des bords du Paillon !

« Il y a... (dame, tu l'avais prévu... aussi ne m'accable pas) il y a que Gontran s'est avisé d'être jaloux, m'a surveillée, a surpris une lettre de Smokel... de Smokel, oui, car ils sont tous hébétés de moi et sont cinq ou six à me faire la cour, d'Assailly, Smokel, de Lusace, M. d'Enervon lui-même et d'Anletrin naturellement... d'Anletrin qu'on me donne couramment ici pour *ami sérieux* (c'est Gontran qui me l'a déclaré lui-même, les dents serrées et blême comme je ne l'avais jamais encore vu et j'ai eu une de ces peurs...) sans compter les autres, paraît-il ! Les autres sont de Mme des Grenaudes, qui prétend que j'attelle à six.

« Donc Smokel a eu la sottise de m'écrire, et comme ses lettres étaient drôlichonnes, un peu folles, à son image, sans lui répondre, j'ai, paraît-il, encouragé cette correspondance puisque je m'en suis divertie et n'ai enjoint au téméraire ni d'avoir à cesser son coupable manège et n'ai pas davantage prié mon mari d'intervenir. Gontran, mis en éveil je ne sais par qui, m'a épiée et, comme je ne faisais aucun mal, n'a eu aucune peine à me surprendre... tendant le capuchon de ma pelisse au billet fou du doux seigneur... C'était vendredi dernier, à la sortie du bal des Régates au Casino municipal, nous montions en voiture.

« Gontran s'est contenu jusqu'à Beaulieu, mais une fois dans notre chambre : « Cette lettre, madame, il me faut cette lettre ! » D'abord j'ai cru qu'il riait, puis quand j'ai vu que ses prunelles chaviraient et qu'il pouvait à peine parler, tant ses dents étaient serrées, j'ai compris que c'était sérieux, mais, le croirais-tu... il faut que Nice m'ait rendue folle, je songeais tout le temps à des cinquièmes de drame au Gymnase, et au premier de la *Parisienne*, tu te rappelles l'entrée de Reichemberg : « Cette lettre, madame, donnez-moi cette lettre ! » Et je la lui ai donnée tout simplement, comme au théâtre en disant « Voilà ».

« De qui cette lettre, madame ? — Mais regardez-
« y vous-même, elle est signée, je pense. »

« Mais voilà le chiendent, Smokel signe ses lettres tantôt Ary, tout court, tantôt *Youyou*, un nom d'amitié que je lui ai donné comme cela... Ce Youyou a mis le comble à la fureur de Gontran.

« Avouez que c'est d'Anletrin, » a-t-il râlé : alors, vrai, il a dû voir rouge, car il a fait le geste de me prendre à la gorge, et j'ai sincèrement eu peur.

« Mais non, c'est de Smokel, » ai-je avoué bêtement. — « Smokel, vous les avez donc tous ? » Et alors il m'a injuriée et ç'a été une bordée de potins, de cancans idiots et ignobles, toute ma conduite salie, mes faits et gestes les plus simples Dieu sait comment grossis, dénaturés ! tout un fleuve de boue où j'ai de suite reconnu la prose de Mme des Grenaudes. — A quoi j'ai répondu : « Vous êtes fou,
« mon cher, ces messieurs me font la cour, ça, je
« l'avoue, mais me tiennent si peu au cœur que je
« vous propose, moi, de quitter Beaulieu demain...
« A distance, vos soupçons me feront peut-être
« l'honneur de s'éteindre. »

« Ah ! bien oui ! le lendemain ne voulait-il pas envoyer deux témoins, des Fastes et d'Énervon, à Smokel, d'Assailly, de Lusace et d'Anletrin. Ces messieurs l'ont calmé... leurs femmes avaient reçu, elles aussi, des lettres d'amour de je ne sais quel imbécile et tout Nice en était inondé de ces petites circulaires, mais elles les avaient montrées, tandis que moi...

et j'avais avoué, fichue bête... Heureusement y avait-il eu dans la semaine, à propos de ces correspondances, une ridicule rencontre entre un certain Robert d'Atout, ami de Formando, et je ne sais quel petit sculpteur américain du salon Hangomar, et on ne pouvait pas vraisemblablement se battre la même semaine que ces deux roulures de Casinos.

« Bref, Gontran s'est calmé, a bien voulu se rendre à l'évidence ; nous quittons Beaulieu demain, ton arrivée explique tout. Smokel et d'Assailly affichent une nouvelle venue ici, très cotée à Cythère, une Églantine d'Avril qui est, ma foi très bien, et Mme des Grenaudes continue de s'exhiber entre son prince italien des pêcheries napolitaines et le duelliste heureux de la semaine, Robert d'Atout..., car il s'appelle d'Atout, ce monsieur, naturellement.

« Et Beaulieu n'a pas eu son affaire Deacon, le premier prix reste à Cannes.

« Je t'embrasse,

« Ton amie,

« Suzanne. »

XIII

TRIOMPHE ET JOIE

Madame Camaret d'Etrainville

En son hôtel, rue Bassano,
Paris.

« Enfin, il y a une justice en ce bas monde, ma chère amie, le scandale vient d'éclater...

« Cette petite gueuse de Mme des Audraies a été forcée de quitter Nice ; elle a vidé la place jeudi dernier, emmenée par son serin de mari qui a été bien contraint à ouvrir les yeux, le pauvre homme... depuis le temps qu'il les fermait... Mais la conduite de cette petite pécore n'était plus possible, cela devenait insoutenable, abominable... Non contente de s'afficher avec ce grand flandrin de d'Auletrin, l'amant payeur et reconnu, elle attelait tout simplement à six... Les demoiselles à marier... tous les soirs de l'hôtel de Paris à Monte-Carlo n'ont pas une autre manière de faire. Mon amie la comtesse de Zuyderzée en était offusquée, et Dieu sait si elle est indulgente... Non, cette petite des Audraies n'était plus à voir... il y a déjà un mois que nous ne la saluons plus.

« Tout s'est cassé à propos d'une lettre du petit Smokel trouvée par le mari, de Smokel, car on a dans le ménage beaucoup trop besoin de d'Anletrin pour s'en prendre à lui ; des Audraies n'a eu garde de s'éruper à propos de l'entreteneur sérieux de la maison ; ce n'est pas un Yankee, le comte des Audraies, mais un paysan gentilhomme qui sait le prix des choses et la valeur de l'argent... Tant que la petite n'a marché qu'avec d'Anletrin, notre parfait époux n'a rien dit, mais quand il a vu qu'elle se compromettait avec Pierre et Jacques, halte-là, holà... mon bonhomme s'est fâché tout rouge, et moitié pour son intérêt, moitié pour la galerie, a menacé d'envoyer des témoins à toute la colonie, mais, réflexion faite, s'est contenté de boucler ses malles, de sous-louer sa villa un bon prix et, à l'heure qu'il est, ce digne couple doit faire la joie des cassines de Florence.

« D'Anletrin, jaune comme un coing, perd ce qu'il veut au trente-et-quarante pour faire mentir le proverbe : « Malheureux au jeu, heureux en amour », et les trois anabaptistes Smokel, de Lusace et d'Assailly affichent un peu partout, histoire d'égarer l'opinion, une demoiselle assez jolie, une Eglantine de

Mars ou d'Avril, qu'on n'appelle plus déjà que *Ninie Commandite*.

« Ils étaient six pour Mme des Audraies, les voilà trois pour cette entre-bâillée... Comme dit Robert d'Atout : ils sont nés sociétaires.

« Robert d'Atout... je ne vous ai pas encore présenté ce monsieur : ce Robert d'Atout se trouve être, ma chère, l'homme le plus élégant, le plus demandé de la colonie, l'homme à la mode et le lion du jour, et cela, à la suite d'une rencontre à l'épée avec je ne sais quel impertinent personnage qui s'était permis de m'écrire, rencontre où il s'est conduit comme un héros, et a transpercé son adversaire comme un lapin vulgaire ; ce duel a révolutionné tout Nice : il ne se dérobe pas comme un des Audraies, au moins, celui-là.

« Le soir même de la rencontre le vainqueur était dans ma loge ; il est grand, mince avec des épaules larges, un torse de *horse guard* et d'effarouchantes moustaches châtain clair, il est charmant ; le plus beau joueur du monde, il a déjà mangé deux fortunes et est d'origine bretonne ; c'est le plus intime ami du prince Formando, qui me le présentait le soir même du duel.

« Depuis, il ne me quitte plus et j'avoue n'en être pas fâchée. J'ai même l'intention (Nice commençant à se vider et mon hôtel aussi), de donner ici une fête avant mon départ : je louerai tous les salons de l'hôtel y compris le grand hall de la salle commune ;

je veux donner un grand bal costumé et masqué (une occasion de remettre la fameuse queue de paon que tous mes amis demandent à revoir), précédé d'un assaut en costume auquel prendront part le prince Macroformando, la plus fine lame d'Italie, et ce beau Robert d'Atout, qui doit être irrésistible sous les armes !

« J'ai déjà fait part de mon projet à quelques intimes : ç'a été une ovation : depuis qu'on sait que je veux donner un assaut d'armes, tous les officiers du 69° chasseurs alpins se sont fait présenter. Le soir, dans ma loge, au Casino Municipal, ce que je suis entourée d'uniformes ! j'ai l'air de madame la générale, parole !

« J'inviterai même la bande des veufs, d'Assailly, de Lusace, Smokel et d'Anletrin, le veuf des veufs, lui, on peut le dire, à prendre part à cet assaut : je suis curieuse de savoir comment ils tirent, les francs-tireurs de la petite des Audraies. Comme ils s'embêtent maintenant ici, ils y viendront, à mon raout ; je connais les hommes et je m'arrangerai pour que leur grue en exil le sache un peu dans son Florence, elle en mourra.

« Et vous, ma chère, que devenez-vous à Paris, volez-vous de soirée en soirée, de dîners en dîners et êtes-vous toujours partout l'oracle de l'esprit et du goût ? Allez-vous toujours beaucoup à l'Hippique ?... C'est vraiment la seule chose qui me manque ici.

« Une nouvelle qui nous a tous ravis et moi combien plus que les autres, c'est la condamnation à trois mille francs d'amende de ce monstre de Jean Lorrain à la neuvième chambre... Mme Ancelon de Gerville et Mme de Route me l'avaient bien dit, qu'il y passerait un jour ou l'autre et qu'il aurait aussi son tour, cet affreux homme des *femmes par jour* ; enfin c'est fait : voilà qui me rassure et vous aussi.

« Ma femme de chambre vient me coiffer, je vous quitte ! Qu'est-ce qu'un marquis et une marquise d'Héfleurons de la rue de Varenne... ils ont pris la villa des Audraies à Beaulieu, et se disent leurs amis : cela a-t-il de la fortune et est-ce du vrai faubourg ?

« Berthe des Grenaudes. »

XIV

REVENDICATIONS

Sur la promenade du Château, un peu au-dessous des monumentales assises bâties et depuis abandonnées par M. Victorien Sardou ; un coucher de soleil mauve et rose comme on en rêve d'après les vers de M. Henri de Régnier, flotte et plane, délicieusement atténué, au-dessus de la mer ; le ciel est de nacre et la baie des Anges est de moire. Le prince Giuseppe Macroformando et Robert d'Atout ascensionnent mélancoliquement vers la cascade. La promenade est solitaire, un fourmillement noir fait tache au loin sur la promenade dite des Anglais.

Le prince Giuseppe. — Et tu en es maintenant avec elle ?

Robert d'Atout. — Où je voudrais la mener, elle est dans ma main.

Le prince Giuseppe. — Hé bien, il faut sauter.

Robert d'Atout. — Déjà !...

Le prince Giuseppe. — Oh ! je sais bien que ça n'est pas drôle..., mais avec deux bouteilles de vieux bourgogne et une salade de truffes avant, et en songeant à une autre pendant, on y parvient ; je me suis bien exécuté, moi !

Robert d'Atout. — Et il faut que moi aussi...

Le prince Giuseppe. — Toi aussi, pauvre ami... et pas plus tard que ce soir ou demain. Il faut des motifs à ma jalousie, car je dois te provoquer, un duel est nécessaire entre nous ; c'est là, mon seul moyen...

Robert d'Atout. — Je ne comprends plus.

Le prince Giuseppe. — J'ai mon plan, ça ne fait rien...

Robert d'Atout. — Mais encore...

Le prince Giuseppe. — Que veux-tu que je fasse de ses lettres ? car j'ai la collection complète maintenant. Tu n'étais pas encore en scène, heureux coquin, car aujourd'hui c'est toi qu'on aime, galant d'Atout que l'on préfère à tous ?

Robert d'Atout. — Et ces lettres ?

Le prince Giuseppe. — Doivent m'être volées. C'est à mon insu et malgré moi que doit s'organiser le chantage ; moi je reste étranger à l'affaire, désolé, impuissant, que dis-je ? à la mort, blessé, agonisant..., en sûreté cependant et hors frontière. C'est en me ramenant évanoui, le flanc ouvert, à l'auberge, que les fameuses lettres doivent m'être dérobées et c'est toi qui me donnes le coup d'épée qui me met sur le flanc.

Robert d'Atout. — Comprends de moins en moins... et ce duel, pourquoi faire ?

Le prince Giuseppe. — Pour la compromettre d'abord et appeler l'attention du mari sur l'affaire. Les lettres vaudront le double une fois l'opinion surexcitée, nigaud !

Robert d'Atout. — Mais comment faire naître la querelle ? A quel propos ?

Le prince Giuseppe. — Tu oublies donc que je suis son amant, et la dame raffole de toi, et cette nuit ou demain tu couches avec elle...

Robert d'Atout. — Alors ça, c'est nécessaire ?

Le prince Giuseppe. — Au premier chef, urgent.

Robert d'Atout. — C'est bon, on ira. Après ?

Le prince Giuseppe. — Après, j'ai des soupçons, je m'emballe et à l'assaut costumé de mercredi, dans la grande fête qu'elle donne à son hôtel, je t'attaque en forcené, je fonce sur toi à fleuret démoucheté... on proteste, scandale..., on nous sépare et, furieux, je te provoque pour le lendemain devant tout Nice invité à son bal. Est-ce assez bien amené et chouettement mis en scène ?

Robert d'Atout. — La scène à faire, un beau chiqué ! tu devrais la télégraphier à Sarcey ; et après ?

Le prince Giuseppe. — Le reste va de soi. Nous nous battons à San Remo, tu me blesses, on m'emporte sans connaissance et, durant le trajet, on me dérobe mes lettres.

Robert d'Atout. — Compris ; et pendant que les pourparlers pour les rendre à qui de droit s'engagent...

Le prince Giuseppe. — Bibi râle sur son lit d'auberge, à l'agonie, entre la vie et la mort, ignorant de cette infamie, insoupçonnable, insoupçonné... et d'ailleurs, si on le soupçonnait, il est en Italie, hors frontière et hors d'atteintes.

Robert d'Atout. — Tu es un homme admirable, sais-tu ?

Le prince Giuseppe. — Je m'en doute, sans compter que, dans la même soirée, j'abandonne à Jim, Ernesto et Tomy la fameuse queue émeraudes et rubis, la célèbre queue de paon.

Robert d'Atout. — Mais elle est en toc.

Le prince Giuseppe. — Raison de plus ; j'en ferai annoncer la vente à Monaco, la dame la rachètera le double ; elle mourrait plutôt que de se laisser convaincre de port de faux diamants.

Robert d'Atout. — De plus en plus fort. Et comment opères-tu l'ablation de la traîne ?

Le prince Giuseppe. — Oh ! cela, tout ce qu'il y a de plus facile, un jeu d'enfant... Je fais acheter par Jim, Tommy ou Ernesto trois cartes d'invitation à la domesticité de l'hôtel, cent francs pièces s'il le faut, mais on aura les trois pour cinq louis, le bal est costumé et, une fois dans la place, c'est bien le diable si à trois ils ne trouvent pas le moment... D'ailleurs nous le fournirons, le moment. Pendant notre algarade à l'assaut d'armes, la dame révolutionnée, pâmée, dans la bousculade des assistants... deux coups de ciseaux, à nous la traîne.

Robert d'Atout. — Et la queue de paon. Non, ce que tu la dépouilles et la fais à la dure, cette pauvre des Grenaudes.

Le prince Giuseppe. — Jamais assez. Nous en reparlerons quand tu auras été une nuit son amant.

Robert d'Atout. — Alors c'est si...

Le prince Giuseppe. — Va, nous n'aurons pas volé notre argent.

XV

DERNIERS POTINS

Comtesse Suzanne des Audraies.

      Hôtel Continental, rue Castiglione,
            Paris.

« Hé bien, je la trouve un peu forte, celle-là.

« Tu m'écris : « Nous partons pour Florence, arrive dare-dare, tu sauves la situation, ta venue à Beaulieu est pour nous le salut. » Et moi j'accours, je m'installe avec Herbert et les enfants. Uniques d'ailleurs, ces Amandiers ! un paysage à souhait pour le plaisir des yeux, un climat délicieux avec, à l'horizon, une chaîne de montagnes de forme et couleur à en rêver. Ravissantes !! J'y trouve tous les domestiques sous les armes, les chambres enjolivées d'étoffes claires et de fleurs, un dîner succulent, un vrai voyage dans le pays des fées..., et, le cœur débordant de joie et de reconnaissance (oh ! combien loin ici et de la dynamite et de la neige fondue et des giboulées de mars...) et, le cœur débordant, je télégraphie le soir même à ma petite Suzanne, poste restante, à Florence.

« Pas de réponse.

« Je télégraphie, j'écris le lendemain, je retélégraphie le surlendemain encore, même jeu, pas de réponse : me voilà prise d'une inquiétude ! Est-ce que son Othello aurait pris son rôle au sérieux sous ce tragique ciel florentin ?... et j'étais aux cents coups quand il faut que j'apprenne par Madeleine que tu es à Paris, que tu n'en manques pas une de l'Hippique, qu'on ne voit que toi de la butte aux Cailles à la butte aux Lapins que tu éclipses Jacqueline et la belle Georgette elle-même, plus gaie et plus entourée que jamais, et que pour une personne à récent scandale (car tout se sait même à distance), tu as la plus belle mine et le plus bel entrain (on m'a écrit *Antrin* avec de volontaires fautes d'orthographe)... Eh bien ! mes compliments, ma chère ; toi, au moins, tu es de ton siècle, tu ne perds pas de temps. Et que dit monsieur le comte des Audraies dans tout ceci. Il monte en trot attelé ou en steeple ! et fait le saut d'obstacles entre le gros Bagourd et le petit Sucrier.

« Oh ! quel singulier ménage vous faites à vous deux, mes deux bons campagnards égarés dans les

Folies-Niçoises et ce que vous serez grondés à mon retour tous les deux, lui encore plus que toi, ma petite paysanne pervertie par la bande de Lusace, d'Assailly et d'Anletrin. Tu mériterais que je ne te dise rien, mais tu m'as envoyé trop fidèlement, tout un mois durant, des *premiers Nice* pour que je ne te renseigne pas à mon tour sur le pays scandaleux dont tu viens.

« La bande a été très correcte ; d'Assailly, Smokel et de Lusace, très occupés d'une demoiselle Avril, ont eu le bon goût de ne pas déposer de cartes, ils sont officiellement enchaînés : seul d'Anletrin est venu aux Amandiers, mais il n'a pas demandé après moi : Herbert et lui se sont promenés une heure dans le jardin : je les voyais par la fenêtre, j'étais dans ma chambre et j'avais bonne envie de descendre pour voir un peu sa figure de près, mais j'ai su refréner mon envie... En quittant Herbert, au seuil de la grille, il a cueilli, comme par hasard, un peu nerveusement un gros œillet blanc qu'il a mis à sa boutonnière, mais, Herbert une fois le dos tourné, je l'ai vu retirer son œillet, le baiser furtivement et le mettre dans sa poche.

« Et toi, tu flirtes à l'Hippique, de trois à cinq, outrageusement. Ce pauvre garçon, il m'a touché, j'en arrive à prendre sa défense...; il a une de ces mines hâves, tirées : nous l'avons rencontré au trente et quarante, il y gagne ce qu'il veut de l'air d'un homme qui perdrait tout son bien.

« Quant à ta belle ennemie, la baronne des Grenaudes, il faut croire que j'ai hérité de sa haine en entrant dans ta villa, car elle me roule des yeux de grenouille suffoquée avec accompagnement de battements d'éventail, les battements d'éventail indignés, époufflés des dames sociétaires dans le répertoire classique de la Maison ; elle a certainement quelque chose de Lloyd, d'ailleurs je l'ai trouvée bien des Grenaudes et bien laide avec ses yeux de batracien expirant.

« Elle ne quitte pas le nommé Robert d'Atout et son prince ; c'est un flirt établi avec rivalité des deux soupirants ; elle va donner, paraît-il, en son hôtel un raout costumé qui dépassera en somptuosités fantaisistes et en luxe tout ce qu'on a vu jusqu'à ce jour et auquel on reverra la fameuse queue de paon ; ce sera le clou de la saison, tout Nice est invité, on déménage déjà l'hôtel, il y a des familles entières qui retardent leur départ pour pouvoir acclamer la traîne de trente mille francs ! Il y aura assaut d'armes en costumes pour les friands de la lame, trente-sept escrimeurs sont inscrits, dont le prince Giuseppe, le Robert d'Atout et neuf officiers du 69ᵉ chasseurs Alpins, plus un pas de menuet, réglé par Pataprouf, dit « pas de l'éventail » et qui sera dansé par le jeune duc d'Hangomar et la maîtresse de céans.

« C'est Pataprouf, l'ineffable couturier, qui fait le costume du jeune duc ; on en pouffe et je ne sais pourquoi on s'attend ici à une catastrophe, à quelque événement.

« J'entends André tousser, je te quitte.

« Ton amie,
« Simonne d'Héfleurons. »

XVI

LE POT AUX ROSES

Marquise Simonne d'Héfleurons
　　　Aux Amandiers. Beaulieu (Alpes-Maritimes).

« Plus souvent que je serais restée à Florence, au milieu de tous ces palais tragiques et de ces musées suant le poison et le crime, dans cette ville noire et Péladanesque, quand l'Hippique bat son plein aux Champs-Elysées, que les Expositions s'ouvrent partout. Plus souvent qu'on m'eût encore rencontrée à la loggia la semaine des débuts de Loti à l'Académie.

« Ce mois d'avril est étourdissant, c'est vraiment le plus parisien de l'année, et une chaleur ! et un ciel bleu ! Les marronniers crèvent de sève : depuis deux jours, les Champs-Elysées sont tout verts et hier soir, sur le Boulevard, on étouffait. Ce que ça sentait la mangeaille ! On se serait cru en juin ; devant chez Lucas et Larue on dînait dehors.

« Madeleine t'a fait des potins : je vais à l'Hippique

comme tout le monde, puisque Gontran y monte. Mais finis les flirts, le jeu n'en vaut pas la chandelle, et puis ce n'est vraiment amusant que lorsqu'on fait enrager quelqu'un ; et puis, tu sais, entre nous, maintenant l'Hippique, c'est d'un envahi, d'un bourgeois : il n'est plus de bonne mère à appartement dans les dix-huit cents et à bonne à tout faire du quartier Levallois, qui n'y conduise au moins sa fille quatre fois dans le mois.

« Nous sommes, ce printemps, académiques, rose-croix, mystiques, picturales et littéraires, et notre homme est Henri de Régnier, un poète subtil et délicieusement incompris des masses, que nous adoptons pour faire enrager les perruques et faire pièce à la grosse Auferlon, ce hanneton dans une lanterne, comme on l'appelle au *Gaulois*.

« Elle a inventé Vanderhem ; nous proclamons, nous, de Régnier, et nous avons aussi notre candidat par an. L'été dernier, c'était Maurice Barrès ; notre peintre est toujours Jacques Blanche ; il a cette année un portrait d'enfant... ça me déciderait presque. A part lui, ils ne se sont pas foulés, cette année, messieurs les pastellistes ; il y a toujours les hortensias bleus d'Helleu sous chauves-souris et sur plat d'argent, et les prunes juteuses rissolées de soleil que Besnard intitule « figures », mais à côté de cela il y a Dubufe et Gervex, malheureusement. Ça, vois-tu, c'est abominable : ah ! j'en ai ouvert, de ces expositions !

« Et les indépendants au pavillon de la Ville, et hier Abbéma chez Petit, rue de Sèze, et Grimelund à côté, des faux Montenard, et rue Le Pelletier des Van Gogh et des Jacquemin, une mystique qui redonne agréablement entre Botticelli et les Rose-Croix.

« Et dire qu'il faut avoir tout vu, tout remarqué, tout étudié ; dans le faubourg, on ne parle plus que de cela à table. Peinture mystique et musique sacrée de Wagner sont à l'ordre du jour ; j'ai fait mieux : j'ai été entendre, à la Bodinière, les *Noces de Sathan*, une pièce ésotérique de Jules Bois ! Cet Antoine de La Rochefoucauld nous entraîne.

« Et Loti brochant sur le tout, les dîners en son honneur dans le faubourg Saint-Germain de Bucharest (entendons-nous) et le scandale de sa photographie en turkesse publiée dans les illustrés de la semaine, le futur immortel représenté debout dans un Alhambra de bain de vapeur.

« Dans quel costume va-t-il apparaître jeudi sous l'illustre coupole ? Les paris sont ouverts. En officier de marine, en pêcheur haïtien, en spahi ou en fantôme d'Orient, nous en sommes toutes folles. J'ai dû faire des bassesses auprès de Camille Doucet pour deux places juchées on ne sait où ; il paraît que son discours est loin d'être un chef-d'œuvre, il l'a répété deux fois dans le silence de la coupole déserte pour en étudier l'acoustique, il n'y parle que de lui, de son âme orientale, de ses chers matelots et de sa bretonne enfance ; il n'a même pas lu Feuillet dont il prononce l'éloge et charge à fond de train sur Zola, son concurrent évincé ; enfin, on se fait une joie d'assister à ce naufrage du plus littéraire des marins.

« Au fond, c'est le candidat des rastaquouères, c'est tout Buda-Pesth, Bucharest, Stamboul et Péra, qui force aujourd'hui les portes saintes. Les *Teurs* à l'Académie ; quel chapitre à ajouter à l'*Immortel* de l'immortel auteur de *Tartarin*.

« Je te quitte pour aller à l'Epatant applaudir la musique de Polignac. Plus souvent que je l'aurais manquée, la grande matinée musicale du Cercle ; c'est là qu'on voit les plus jolis chapeaux de la saison ; demain nous allons à Chantilly voir l'écurie d'Henri et jeudi la grande journée, la journée fatigante entre toutes : de quatre à cinq, séance à l'Académie.

« Ton amie,
« SUZANNE. »

Télégramme — *Comtesse des Audraies.*

Paris.

« Catastrophe prévue, le d'Atout arrêté, deux autres avec lui, bande organisée, pot aux roses découvert, Mme des Grenaudes rentre à Paris, la fête est dans l'eau et le prince en fuite, tout Nice est en joie, lettre suit, on se tord.

« Tendresses,
« SIMONNE. »

XVII

E FINITA LA COMEDIA

Aux Amandiers, Beaulieu, dans le jardin de la villa : Smokel, de Lusace et d'Assailly sont groupés dans des attitudes diverses autour de la marquise d'Héfleurons ; effets de torses, de jarrets et de chaussettes de soie multicolore autour d'une délicieuse robe de batiste mauve imprimée d'hortensias rose chair ; le jardin est littéralement incendié de fleurs. C'est un ruissellement, un éclaboussement de pétales et de nuances, sur fond de ciel bleu-lumière : anémones, roses Paul-Néron, clématites mauves, œillets jaunes, cerisiers et pommiers en fleurs, de la neige blanche et rose, comme tachée de gouttes de sang ; et cela embaume et cela entête, tous les parfums et toutes les couleurs : ces messieurs sont renversés dans des roking-chair autour d'une table de jardin où des rafraîchissements sont servis dans des gobelets d'argent et de cristal ; ils fument paresseusement de très russes cigarettes.

La marquise d'Héfleurons. — Donnez-moi des détails... Comment les a-t-on pris ?

De Lusace. — Bien simplement, allez : en train d'escamoter quelques bibelots de prix chez un antiquaire.

Smokel. — Celui du cours Masséna.

La marquise d'Héfleurons. — Le juif qui a un si

grand assortiment d'objets en vieil argent et qui les vend si cher ?

D'Assailly. — Précisément, mais ces messieurs faisaient des bagues !

La marquise. — Et ils étaient toute une bande ?

De Lusace. — Organisée.

Smokel. — Et surveillée depuis quelque temps.

La marquise. — Ah !

Smokel. — Il y a beau temps que d'Anletrin et moi nous doutions de la chose... Nous avions vu ces messieurs travailler au vestiaire, lors du fameux veglione mauve et blanc !

La marquise. — Celui du dimanche gras, les vols qui ont fait si grand bruit dans la presse... Comment ! vous vous doutiez, et vous n'avez rien dit ?

Smokel. — Nous serions plutôt morts, ça nous amusait bien trop de voir la baronne des Grenaudes s'embarquer et voguer sur cette bonne galère... En avons-nous fait de ces paris sur la fameuse queue de paon ?

D'Assailly. — La volera, la volera pas !...

La marquise. — Je me souviens... Suzanne me l'a écrit.

Smokel, de Lusace et d'Assailly, *en chœur*. — Cette chère petite comtesse Suzanne.

La marquise. — Ah ! vous pouvez bien soupirer en chœur, vous l'avez assez compromise, ma petite amie Suzanne. (*A Smokel.*) Vous surtout, monsieur Smokel.

Smokel. — Si l'on peut dire... elle s'en acquittait bien toute seule, demandez plutôt à d'Anletrin.

(*Le nom de d'Anletrin jette un froid. Silence.*)

La marquise. — Déjà ingrat ! D'ailleurs elle se soucie bien de vous, messieurs : elle ne quitte pas le Concours hippique et ne manque pas une exposition, devait hier être à la réception.

Smokel. — Nous savons, nous savons... Elle était même au dîner Bibesco, samedi dernier, le dîner offert au jeune académicien !

La marquise. — Comment, vous savez ?...

Smokel, *étourdiment*. — Oh ! nous avons aussi notre petite police... grâce à quelques amies de la Butte-aux-Lapins.

(*Autre froid et autre silence.*)

De Lusace, *bas à Smokel*. — C'est décidément le jour des gaffes...

D'Assailly, *voulant réparer*. — Elle a même eu une bien jolie méprise au dîner de la princesse, notre chère et regrettée comtesse. Elle a pris le héros de la fête, Pierre Loti lui-même, pour Mme Dieulafoy !!

(*Troisième froid et troisième silence.*)

La marquise, *se levant*. — Je vous demande pardon, messieurs, mais je vois mon Anglaise qui me fait signe, je suis à vous de suite... On a sans doute besoin de moi près des enfants.

(*Elle se dirige vers la villa, les hommes se lèvent, puis se rassoient.*)

De Lusace, *se servant un soda.* — Un peu froide, hein ! la maîtresse de la maison.

Smokel. — Glissons, mortels, n'effleurons pas.

D'Assailly. — Le fait est que ça ne vaut pas les bonnes journées d'il y a un mois.

Smokel, *rêveur.* — A qui le dites-vous.

D'Assailly. — Et nous n'avons pas gagné au change !

De Lusace. — La mère de famille, le devoir, les enfants... Ah ! ça n'est plus ça, mais du tout ça.

Smokel, *soupirant.* — Ah ! oui, on peut le dire, on s'est amusé ici !

D'Assailly. — Mais ces choses-là n'ont qu'un temps.

De Lusace. — Et le bon temps ne revient pas.

Smokel. — Etait-elle assez jolie, assez fantasque, assez... juteuse, assez enfant !

D'Assailly. — Eh ! là, calme-toi.

De Lusace. — Et il y avait beaucoup moins de fleurs qu'aujourd'hui cependant, moins de soleil, moins de chaleur, et...

Smokel. — Ça sentait meilleur, et l'air était plus tiède... l'amour était en l'air.

De Lusace, *lui tapant sur l'épaule.* — Et l'on se croyait aimé !

Smokel, *tristement.* — Naturellement !... Alors, vous autres, nous trois, qu'est-ce que nous f...., tous ici !

D'Assailly. — J'allais te le demander.

De Lusace. — Sans compter que d'Anletrin est à Paris.

Smokel, *se levant*. — Rentré !

De Lusace. — Sans tambour ni trompette. — Il était à la matinée de l'Epatant de mardi, de Gersault m'a écrit, j'ai la lettre.

Smokel. — Et nous sommes ici ! quand l'Hippique, le Bois... et Paris, et le reste...

D'Assailly. — Et Eglantine, ton nouvel amour.

Smokel. — Bah ! elle élève des lapins russes, le grand-duc Paul rôde autour d'elle, nous l'avons suffisamment lancée.

De Lusace, *riant*. — Ah ! tu jouais les *Intrépides*, pauvre vieux, faut-il que tu sois bas...

Smokel. — Que veux-tu, Suzanne me tient au cœur.

De Lusace. — Alors nous partons..., nous sommes à tes ordres.

Smokel. — Demain à la première heure... la plus commode est midi cinq, je crois.

De Lusace. — Tu l'as dit, et ainsi finit la comédie !

D'Assailly. — *Finita la Comedia*.

MADAME BARINGHEL

PRINTEMPS DE PARIS

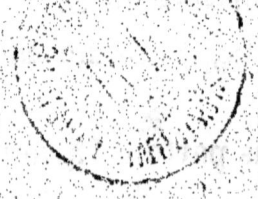

A Maurice Barrès.

I

LES VISITES

> Parbleu, je viens du Louvre où Cléonte, au levé,
> Madame, a bien paru ridicule achevé.
>
> POQUELIN DE MOLIÈRE.

Dans un des plus jolis hôtels du Ranelagh : chambre à coucher mauve et vert pâle visiblement copiée sur celle de Mme Sarah Bernhardt. Sur un immense lit très bas, citronnier incrusté d'ivoire, la maîtresse de céans, Suzy dans l'intimité, est étendue dans un fouillis de batiste, de malines et de soie blanche, oreillers et coussins ; très jolie, deux grands yeux brillants, que la fièvre agrandit encore, dans une toute petite figure rose. Deux mains un peu longues traînent sur une courtepointe de damas blanc rebrodé en chenille. Sur une petite table Louis XVI, à portée du lit, divers flacons, cristal et galuchat, un vaporisateur, un miroir à main en vieux Saxe, une coupe pleine de champagne, des éventails et une grande aiguière Renaissance en argent ciselé, où embaume une haute gerbe d'iris, iris blancs et iris bleu-violet de la couleur des prunelles de Suzy.

Sur la commode en bois de rose une bouteille de Rœderer débouchée, *Léda*, de Pierre Loüys, et les derniers livres parus sur la morphine, plus une grosse botte de roses maréchal Niel ; par les deux fenêtres entr'ouvertes apparaissent les fortifications et les tribunes du champ de courses d'Auteuil.

Autour du lit de Suzy, diverses visiteuses sont installées et jabotent, dont Simonne d'Héfleurons et Marthe Sparre,

Simonne d'Héfleurons est debout près de la malade et va prendre congé.

Suzy. — Comment, Simonne tu nous quittes déjà?

Simonne. — Il me faut aller vendre quelques crucifix très cher aux barons d'Israël ; pense donc ! c'est mon dernier jour de vente.

Suzy. — Oh ! pour une fois que tu manquerais !

Simonne. — Merci, et que dirait ma belle-mère, ma farouche belle-mère ? C'est la Sainte-Inquisition en personne que la marquise douairière d'Héfleurons.

Suzy. — Et tu leur vends si cher que cela tes objets de piété aux barons marrons, un peu larrons aussi de Jérusalem ; avoue plutôt que tu as un flirt !

Simonne. — A la salle Albert-le-Grand, ah ! ce serait à faire, puis, tu sais bien que je ne flirte pas ! j'ai trois enfants, moi, mais je ne fais jamais mes couches en avril, oh ! pas si maladroite que ça, moi!

Suzy, *les yeux gros de larmes.* — Vous êtes toutes à me le reprocher, cet accouchement de printemps, comme si c'était ma faute.

Mme de Sparre. — Ce n'est pas la nôtre, cependant.

Simonne. — Et puis pour ce que tu perds vraiment, les Gérômes polichromes du palais de l'Industrie et les Carolus Duran du Champ-de-Mars, il n'y a de vraiment bien que les Billotte et tu as le plus beau Billotte sous les yeux. (*Elle lui montre le point de vue des fenêtres.*) A demain donc, chérie, j'emporte ma botte de roses puisqu'elles t'entêtent, j'en tirerai au moins quinze louis.

Une des visiteuses. — Prises à votre corsage alors ?

Simonne. — La belle affaire, après tout ! (*Elle s'incline en souriant et sort.*)

Marthe Sparre s'empare du siège vide et s'approche du lit de Suzy.

Marthe Sparre. — C'est bien la comtesse des Audraies, celle qui a eu ce scandale cet hiver à Nice.

Suzy. — Mais non, tu les confonds toujours, c'est la marquise d'Héfleurons qui sort d'ici ; elles sont d'ailleurs toutes deux inséparables. Au couvent, nous les avions surnommées les deux perruches, la comtesse s'appelle Suzanne et celle-ci c'est Simonne, Simonne d'Orville, marquise d'Héfleurons.

Marthe Sparre. — Une belle situation ?

Suzy. — Oh ! tout ce qu'il y a de plus pur faubourg, le gratin de la rue de Varennes.

Groupe de visiteuses. — Vous aimez, vous, ces femmes violâtres ; c'est à dégoûter d'être espagnole ; il a du bleu dans l'œil, ce monsieur-là. — Le Sargent a des qualités. — Parbleu, c'est un des peintres les plus chers. — Aimez-vous les Helleu ? — Oh ! moi les Helleu, les Jacques Blanche, c'est trop fort pour moi. Parlez-moi de Madeleine Lemaire.

Toutes les visiteuses *à la fois.* — Oh ! les Made-

6.

leine Lemaire, sa *Mélancolie, sa jeune fille dans un parc, ses fées dans un nuage* et ses prunes donc, ah! ses prunes, ma chère, on en mangerait.

Suzy, *à Marthe Sparre*. — C'est vraiment si bien que ça?

Marthe Sparre, *haussant les épaules*. — Des fruits de modiste, de la peinture pour femme, ma chère; aussi, tu vois, l'on pâme.

Une femme de chambre, *ouvre la porte*. — Madame Baringhel.

<small>Entre en tourbillon, toute luisante de soie dans un sillage d'opoponax, la belle Mme Baringhel; elle se précipite vers le lit de Suzy tout en distribuant à gauche et à droite force poignées de main.</small>

Madame Baringhel. — Comment va, aujourd'hui, ma chérie? mais elle a une mine charmante, elle est tout à fait bien. A quand le fameux déjeuner de relevailles? (*Consultant sa montre de bracelet.*) Un peu en retard, hein? Je sors de l'Exposition des chiens; oh! Il y avait là des amours, de vrais bijoux, mesdames, il ne leur manquait que la parole, on aurait dit des hommes aimés : il y avait entre autres un caniche blanc, tout nu, avec seulement quelques touffes aux pattes et au ventre, si rose, si rose... j'en étais gênée... on aurait dit le prince, avec un cordon noir en sautoir, ça y était... Et des kings-charles, et des frimousses de bull à mourir de rire, de vraies figures de connaissance, tous les pannés... et des sloughis... A propos, je t'annonce la marquise de

Malpertuis et Lucy Tenner; je les ai croisées à l'Exposition et je viens de les revoir aux Acacias, naturellement... Elles vont s'amener ici, mais moi, j'ai pris les devants, j'ai fait couper mon cocher par les lacs... Lucy Tenner passe pour être la maîtresse du marquis? Est-ce vrai? elle n'a aucune fortune, vit sur un pied de soixante mille livres par an et ne quitte pas l'hôtel Malpertuis... C'est le bruit public, n'est-ce pas, mesdames?

CHŒUR DES VISITEUSES. — Assurément.

SUZY. — Oh! parce que Lucy monte le matin les chevaux du marquis! Et puis Lucy demeure avec sa mère, et sa mère et elle ont bien douze mille francs de rente.

MADAME BARINGHEL. — De quoi payer ses amazones chez Feinh et ses cravaches chez Steys.

SUZY. — Voyons, Gabri!

MADAME BARINGHEL. — Et puis, tu sais, moi, ça m'est égal... Je raffole du genre de beauté de Lucy.

MARTHE SPARRE. — Oh! il ne s'embête pas, le marquis...

LA FEMME DE CHAMBRE, *ouvrant la porte*. — Mademoiselle Tenner, Madame de Malpertuis...

Entrent la marquise et Lucy; toutes les femmes se lèvent. Cris et onomatopées.

— Cette chère... cette jolie malade... quelle heureuse rencontre... Suzy... Lina... Marthe... Lucy...

II

ESTHÉTISME

Au Champ de Mars, section des objets d'art, entre quatre et cinq. — Sort de la salle numéro V la comtesse Suzanne des Andraies, escortée de son mari, de Smokel et de Lusace, tous trois très purs dans des jaquettes de Poole et des pantalons sans pli gris bleu, gris fer et gris ardoisé.

La comtesse Suzanne, *arrêtée devant la cruche de Jean Baffier*. — Ah ! au moins j'aime cela, ça vous repose de tous ces gribouillis de vitrier. Très joli, cet étain.

Smokel. — Je vous crois. Alors, ce Salon ?

La comtesse. — Oh ! certainement, il y a des qualités... mais trop de Christs. Ils mettent la religion au rabais avec toutes leurs images de sainteté.

De Lusace. — Il est certain que celui de Jacques Blanche...

La comtesse. — Laissez Jacques Blanche tranquille, c'est un garçon charmant et qui s'habille... comme vous ne saurez jamais vous habiller.

Smokel, *entre ses dents*. — D'Anletrin, excepté.

La comtesse, *qui a entendu*. — D'Anletrin excepté, parfaitement. Vous ne lui retirerez pas cela, il est bien assez ravagé.

De Lusace. — Ravagé !

La comtesse. — Parfaitement, j'ai dit et je maintiens ravagé. C'est comme ce pauvre Abeille, il était maigre, usé, vanné, mais comme élégance !... (*S'arrêtant devant les vases de Chéret.*) Tiens, des Gustave Doré !

Le comte des Audraies. — Donnez-vous donc la peine de lire, c'est de Chéret et non de Gustave Doré.

La comtesse. — De Chéret? l'homme aux affiches ?

Le comte, *impatienté*. — L'homme aux affiches ! Vous avez une façon de parler des artistes ! Non, c'est de son frère.

La comtesse. — Ah ! il a un frère. Hé bien, c'est très joli, ce qu'il fait, ce monsieur. Ces petites femmes en guirlandes, ces dégringolades d'enfants dans les fleurs, ces échevèlements, ces nudités et ces ailes. Vous pouvez noter cela aussi, mon ami, parmi les objets que je vous autorise à m'offrir à mon anniversaire.

Smokel. — Vous ne vous embêtez pas.

La comtesse. — Le moins possible. (*Toujours en arrêt devant les Chéret.*) C'est décidément étonnamment modelé et ce que ça remue... Je crois pourtant préférer le Jean Baffier ; voulez-vous que nous retournions à la cruche ?

Smokel, *suivant*. — Retournons à la cruche. (*Les hommes emboîtent le pas.*)

La comtesse, *perplexe devant la cruche*. — Non, réflexion faite, les Chéret ont plus de mouvement, plus de... pourtant ce Jean Baffier... (*A son mari.*) Vous avez noté les Billotte, n'est-ce pas, mon ami, et les Barrau ? Oh ! ces tournesols de Barrau et cette corderie en plein vent... Tâchez donc de savoir un peu les prix, de vous informer. (*Se heurtant contre le coffret à bibelots de Carabin.*) Ah ! qu'est-ce que cette horreur ? J'ai eu une peur !

De Lusace. — Une horreur !... Mais c'est un chef-d'œuvre, madame. Voyez cet écran, l'imagination de cette décoration, le modelé de ces femmes !

La comtesse, *prudemment reculée*. — Vous aimeriez avoir une de ces femmes-là entre les jambes, vous, de Lusace et vous pourriez vous asseoir à cette table ? Moi, le cœur me défaillerait. Oh ! ce pied de table ! Mais ce sont des grenouilles, regardez-les, messieurs, c'en est impressionnant... Un appartement meublé dans ce goût, mais ce serait à se croire possédée.

De Lusace. — Vous parlez sérieusement ?

La comtesse. — Tout ce qu'il y a de plus sérieusement. C'est un cauchemar que de pareilles nudités ! Voyez, la gorge pend, le ventre est flasque, les yeux tombent et saillent. Il s'appelle Carabin, ce monsieur ? il est le bien nommé. C'est bien du nu d'amphithéâtre.

Les trois hommes échangent entre eux un regard navré.

LE COMTE, *bas à Lusace*. — Oh ! l'esthétique des femmes... Et la mienne se croit très forte.

LA COMTESSE. — Oh ! je sais, vous me traitez de bécasse parce que je n'aime pas vos trivialités. (*A son mari.*) Si vous aimez ce genre-là. (*Elle désigne les figures nues de Carabin du bout de son ombrelle.*) Je vous plains de tout mon cœur, mon pauvre ami, car, faite comme je suis, je dois bien vous ennuyer.

De Lusace et Smokel essaient de protester, la comtesse les arrête d'un geste.

LA COMTESSE. — Pas un mot, ou je me réconcilie avec Madeleine Lemaire et je déclare Guillaume Dubuffe un peintre. (*Souriant à la stupeur des hommes.*) Allons, menez-moi voir autre chose, que j'oublie ces fleurs de cauchemar ; c'est bien assez de m'avoir convertie aux femmes bleues de Dannat et aux nudités d'aquarium de Picard et de Point, Léonard de Vinci pour modèles noyés.

DE LUSACE. — Fausse conversion... Au fond, c'est les Courtois que vous aimez.

Ils se dirigent vers les Lachenal et les Charpentier. Dix minutes après, le même groupe devant l'exposition de Carriès, moment de stupeur et silence, la comtesse est comme hypnotisée.

LA COMTESSE, *le visage horriblement contracté,*

avec un geste d'épouvante. — Qu'est-ce que c'est que ça !

Le comte. — Mais vous le voyez, ma chère, ce sont des bustes, des masques et des poteries d'un maître sculpteur et potier.

La comtesse, *désignant le Frantz Hals*. — Ça, des bustes !

De Lusace. — Absolument, madame.

La comtesse, *désignant les animaux*. — Et ça ?

De Lusace. — Mais ce sont des animaux, madame.

La comtesse. — Ces affreuses bêtes existent ! Mais c'est un fou, votre maître sculpteur, un morphinomane, un halluciné... Je feuilletais hier le dernier livre paru de Talmeyr sur la morphine, ce sont des rêves de morphiné. Oh ! ces crapauds, ces larves, ces têtards, ces rampements, ces pustules. C'est un tour épouvantable et du plus mauvais goût que de m'avoir menée là. (*Bas à son mari.*) Songez donc, si j'étais grosse... Vous voyez-vous père d'un enfant de ce modèle ? (*Elle désigne une des grimasques les plus ventrues et les plus sautelantes du maître potier.*)

Le comte, *interloqué*. — Mais, ma chère amie, croyez bien...

La comtesse, *se rapprochant, subitement intéressée*. — Oh ! ce groupe ! Qu'est-ce que ce gnôme à ventre de crapaud peut bien faire à cette grenouille... ! Mais c'est que c'est on ne peut plus indécent, voyez mon cher. (*Elle se tourne involontaire-*

ment vers Smokeï), c'est horrible, il veut la... (*Elle s'arrête brusquement et s'adressant à son mari.*) J'aime mieux m'en aller.

Le comte, *ennuyé*. — Mais aussi, pourquoi regardez-vous ?

La comtesse. — La belle question. C'est exposé.

Une heure après, les mêmes aux Acacias. On cause et l'on discute exposition Carriès.

La comtesse, *à demi convaincue*. — Oui, peut-être, ce Carriès, et encore... A la rigueur oui, pour un monument funèbre d'Albert Wolf ou de M. Renan, oui, ça pourrait passer.

Date lilia.

A l'horticulture, à huit jours de là, jour d'ouverture, pavillon des rhododendrons et des orchidées, vers quatre heures ! Eblouissement et chaleur suffocante : dans un jour de serre toutes les nuances et toutes les couleurs éclatent en taches de lumière dans des massifs de verdure sombre : profusion de fruits et de fleurs comme éclairés à giorno dans le sombre des feuilles vertes : des odeurs de vanille et de miel, d'une douceur entêtante, écœurante, vaguent dans l'air rare ; senteurs de foule élégante et parfumée aux dessous soignés, fleurant l'ambre gris et l'iris, aggravées de relents d'aisselles fatiguées et de godillots tièdes, côté des exposants. Suzanne des Audraies, Simonne d'Héfleurons, accompagnées du comte des Audraies, de de Lusace et de Smokel. Plus loin, autre groupe formé de d'Assailly, d'Héloé, le poète, et de la belle Mme Baringhel.

Suzanne des Audraies. — Ah ! ces bégonias ! ah ! ces pélargoniums !... ceux à feuilles tigrées de rose, c'est scandaleux, ma chère !

Simonne d'Héfleurons. — Et ces calcéolaires... Tu aimes, toi, ces fleurs qui ont des ventres ?

Suzanne. — Ne me parle pas de ventres, je crois revoir les Carriès.

Simonne. — Les grenouilles incestueuses de l'Exposition du Champ de Mars?

Suzanne. — Justement! (*Se penchant, son face-à-main collé à ses cils, sur la corbeille des bégonias.*) Oh! il y en a de blancs et de jaune soufre... Si l'on pouvait avoir ses tons-là pour une robe!

Le comte des Audraies. *qui les écoute, à Smokel et de Lusace*. — La robe, naturellement, elles ramènent tout à la robe... Devant les objets d'art elles songent à des agencements de boudoir; devant les plus belles fleurs du monde elles rêvent de nuances d'étoffes et de guirlandes pour capotes! Soyez donc amoureux d'une femme!

De Lusace. — C'est pourtant ce qu'on a encore trouvé de mieux.

Le comte. — On le dit. (*A Smokel.*) Que dites-vous de toutes ces merveilles? Vous êtes terne, Smokel...

Smokel. — Moi, je trouve qu'il fait tiède. (*Il désigne les rhododendrons.*) Et puis j'ai un peu peur, c'est trop beau, monstrueux presque. Sont-elles en vrai, sont-elles en faux... On dirait des fleurs pour peintres.

De Lusace. — Oui, l'on comprend Madeleine Lemaire.

Ils passent.
Mmes Baringhel, d'Héloé et d'Assailly devant les Orchidées.

D'Assailly, *lisant le catalogue*. — Anthurium, Népenthès, Broméliacées, Aroïdées.

Madame Baringhel. — Vous me dégoûtez avec tous ces noms grecs ; on dirait des maladies.

D'Héloé. — Etes-vous certaine que l'orchidée ne soit pas une maladie des fleurs.

Madame Baringhel. — Ah çà ! vous êtes fou ?

D'Héloé. — Non pas..., regardez plutôt ces jaunes putrescents, ces roses de plaie, ces mauves chlorotiques et les formes tourmentées de ces pétales qui n'ont rien du soyeux des autres plantes, mais du sensuel et du charnu de la chair..., cela ne vous fait pas songer à d'étranges maladies de femmes archimillionnaires, à des cas pathologiques d'adorables mondaines un peu juives ou rastaquouères, des maladies à traitement ruineux, avec opérations de luxe dans les quinze à vingt mille.

Madame Baringhel. — Si l'on peut dire ! Vous, un poète ! médire des orchidées, la plante chimérique, féerique et bizarre.

D'Héloé. — Que voulez-vous, l'orchidée m'a toujours fait, à moi, l'effet du musée Dupuytren des fleurs.

Madame Baringhel. — Et vous leur préférez ?

D'Héloé, *désignant une corbeille de glaïeuls et d'iridées...* — L'iris.

Madame Baringhel. — L'iris, oui, l'orchidée du pauvre.

Ils passent.

La comtesse des Audraies, la marquise d'Héfleurons et leur groupe, arrêtés devant les clématites à grandes fleurs.

Simonne d'Héfleurons. — Ah! ça, c'est ma fleur de prédilection, ces larges étoiles mauves, celles d'un violet sombre comme des yeux qui regardent, (à Suzanne) ça, vois-tu, c'est la fleur du rêve.

Suzanne *un peu froide*. — Oui, en effet... pourtant, les orchidées.

Simonne, *emballée*. — Des fleurs de féerie, tes anthuriums, mais les fleurs des fées, les voilà. Regarde cette blanche, est-elle assez chaste... et cette bleue... mais ce sont des âmes que ces fleurs!

Suzanne, *entre ses dents*. — Ousqu'est ma forêt bleue. — Oui, ce sont des fleurs simples.

Simonne. — Ah! tu préfères tes orchidées et leur soi-disant bizarrerie, et puis elles coûtent cher... dis-le donc et tu aimes les objets ruineux...; mes clématites sont de pleine terre et ça renverse tes idées esthétiques..., mais ce sont des filles entretenues, tes orchidées, et, qui pis est, des rastaquouères; elles viennent d'Amérique, d'Australie, des Antilles... ce sont les sœurs des perroquets... et puis quelles mœurs!.. Mais regardez-les donc de près, elles sont obscènes, des créatures, des cocottes, mais, chéries, voilà ce qu'elles sont, tes fleurs à noms inconvenants et latins, tandis que mes clématites, filles de la forêt, sont chastes et sauvages, sentent-elles assez la source et le recueillement des rayons de lune sur la mousse! Elles sont fées comme les druidesses, et déesses comme les nymphes... Tiens, veux-tu une comparaison? Rose Caron dans *Sigurd* est leur sœur.

Suzanne. — Que veux-tu, moi, je préfère Melba.

De Lusace, *entre ses dents*. — Orchidée musicale, en effet, rastaquouère et très chère.

Le comte. — Fleur de serre chaude et de culture princière.

Suzanne, *impatientée*. — Si nous allions voir les tulipes?

Smokel *ricanant*. — Et les pivoines... naturellement.

La marquise d'Héfleurons échange un regard navré avec de Lusace et Smokel et emboîte le pas à Suzanne. L'autre groupe devant le merveilleux parterre de Lys Dupanloup du second pavillon ; d'Héloé et d'Assailly sont assis.

D'Héloé, *récitant à lui-même*. —

Elle s'occupe aussi des choses de la terre,
Car la feuille du lys s'incline vers le sol.

Madame Baringhel. — Si nous allions voir les asperges?

D'Héloé, *entre ses dents*. — Suite des orchidées... naturellement.

Les deux hommes échangent un regard navré et suivent Mme Baringhel.

III

ENTRE AMIES

Dans un des plus jolis hôtels du Ranelagh, la table est dressée dans le jardin : couvert très élégant, nappe de couleur, cristaux de Bohême, et sur la table cordons de pivoines de la Chine blanches et roses mêlées d'œillets blancs. La maîtresse de céans, Suzy dans l'intimité, est nonchalamment étendue dans un grand rocking-chair sur le perron de l'hôtel ; elle est en peignoir de surah rose corail semé de grosses fleurs d'hortensia d'un rose plus clair. Assise à côté d'elle, Mᵐᵉ Baringhel en élégant complet tailleur. Un domestique en petite livrée s'active autour du couvert et dispose sur une servante les coupes de fruits et les seaux à glace, le jardin insolemment fleuri éclate comme un feu d'artifices, les pawlonias embaument ; à travers les grilles du jardin on voit filer de temps à autres les cavaliers retour du Bois, les dragons retour de manœuvre, et se croiser les tramways de la Muette rue Taitbout. Une délicieuse lumière verte filtre des hautes avenues du Ranelagh, il est midi moins le quart.

Madame Baringhel. — Il n'y a que toi, Susy, pour trouver des idées comme ça. C'est gentil tout plein de nous réunir entre amies pour célébrer tes relevailles.

Susy, *souriante*. — Et rien que nous autres, sans

hommes ? Oh ! j'en ai de la rancune, depuis six semaines que je suis couchée là-haut, sans pouvoir mettre un pied devant l'autre. Sais-tu que je ne descends que depuis deux jours au jardin ?

Madame Baringhel. — On t'a abîmée tant que ça, pauvre Susy ?

Susy. — J'te crois, rien que les forceps.

Madame Baringhel. — Sans chloroforme ?

Susy. — Ah ! si le chloroforme, la cocaïne et le reste, mais j'ai eu toute la série d'abcès, enfin n'en parlons plus, tout va bien. Et ton mari ?

Madame Baringhel. — Je ne le vois qu'au dîner, il part le matin à neuf heures quand je dors, et rentre à sept pour se mettre en habit.

Susy. — Toujours occupé ; la Bourse ?

(*M*^{me} *Baringhel fait signe que oui.*)

Susy. — Le mien est en Bretagne pour les élections. Voilà plus d'un mois que ça dure, j'ai accouché le 17 avril, il est parti le 18, il est venu trois fois depuis passer quarante-huit heures et j'ai été dix jours à la mort, mais son candidat a passé et nous sommes maire de Karadec. (*Avec un soupir.*) Enfin ça, c'est la vie.

Madame Baringhel, *lui prenant la main*. — Tu t'es ennuyée, hein ! pauvre Susy.

Susy. — Oh ça, oui.

Madame Baringhel. — Aussi quelle idée à toi de faire tes couches au printemps, le seul moment agréable de Paris, quinze jours après l'hippique, en pleine saison d'expositions, de ventes de charité, un mois avant le Grand Prix.

Susy. — Si tu crois que j'ai choisi.

Madame Baringhel. — Tu ne me feras pas croire que tu ne sais pas compter jusqu'à neuf, d'autant plus qu'en y songeant bien c'est indécent d'accoucher en avril. Ça suppose un tas de choses en août, par les grandes chaleurs, et en ce moment-là les gens bien élevés se tiennent tranquilles.

Susy. — Que veux-tu, j'aimais mon mari.

Madame Baringhel, *intéressée*. — Et maintenant ?

Suzy. — Maintenant... je suis à mes amies.

Madame Baringhel, *lui prenant les mains*. — Ah ! ça, c'est gentil ; à propos, qui as-tu invité ?

Suzy. — Mais toutes celles du couvent, Suzanne, Simonne, Marthe, Lucy, Laure et toi.

Madame Baringhel. — Laure ! eh bien, ça va être gai, si nous avons Mme de Malpertuis.

Suzy. — Je t'assure qu'elle est très gentille.

Madame Baringhel. — Et toute simple, pas prétencieuse du tout, n'est-ce pas ? Avec son caniche noir à bracelets d'opales et son attirail de flacons et de ciseaux de mille louis.

Suzy. — Que veux-tu ? elle est riche.

Madame Baringhel. — Heureusement pour ses amis. (*Montrant les cordons de fleurs de table.*) C'est d'elle, hein ? ces pivoines ?

Suzy, *rougissant un peu*. — Peut-être.

Madame Baringhel. — Sais-tu que je suis jalouse ?

Suzy. — De cette chaleur ! oh pauvre amie !

Madame Baringhel, *lui prenant les mains.* — Voyons, Suzy.

Suzy. — Tu m'en demandes trop. (*Se levant avec effort de son rocking-chair.*) Voici Lucy.

Une amazone s'arrête devant la grille, svelte et moulée dans un jersey bleu encre, le col étroitement cravaté de soie cerise ; les cheveux moutonnés et très courts sont d'un blond presque rose, la tête d'un joli presque macabre ou tout au moins clownesque rappelle étonnamment celle de Jane Caylus; un groom monté l'accompagne.

Lucy, *passant son bras au-dessus de la grille et agitant sa cravache.* Bonjour, les enfants, avez-vous vu Stag ? oui, Stag, mon lévrier russe ? je le cherche depuis une heure, et comme je le crois en coquetterie avec ta chienne danoise, je suis venue en sondeur jusqu'ici. Tu as donc du monde à déjeuner, Suzy ? (*A M*^{me} *Baringhel.*) Bonjour, madame.

Suzy. — Puisque je t'ai invitée.

Lucy, *surprise.* — Moi ! j'avais oublié ! quelle chance d'être venue par ici, mais cette amazone ! je cours me changer.

Madame Baringhel. — Alors nous déjeunerons à une heure. Restez donc ! vous êtes à croquer ainsi.

Lucy. — Soit, mais je vais jusqu'au Chinois tâcher de retrouver Stag ; songez, le lévier favori du marquis. (*Elle repart au galop suivie de son groom.*)

Madame Baringhel, *bas à Lucy.* — Toujours entretenue ?

Suzy. — Je ne sais pas, on le dit.

Madame Baringhel. — Par le marquis ?

Suzy. — Tu vas pouvoir lui demander, voici la marquise.

Madame Baringhel. — Laure de Malpertuis !

Un coupé très élégant s'arrête devant la grille, les deux femmes se lèvent.

IV

RAFFINÉES

A la sculpture, au Champs de Mars, entre cinq et six : effondrées sur un banc, dans des poses alanguies, Lucy Tenner et son amie Mme de Malpertuis.

Entre, suivie d'Héloé le poète, la jolie Mme Sparre, Marthon dans l'intimité.

Lucy Tenner, en fourreau de foulard vert tige semé d'énormes iris gris cendré, minuscule capote noire sur cheveux d'or rose, l'air d'une esthète de Londres ; Mme de Malpertuis, trop élégante en mauve rayé de noir ; Mme Sparre, exquise en batiste blanche semée de fleurs de pommier roses, redingote de dentelle noire sur fond de soie changeante gorge de pigeon.

Mme Sparre avise la marquise de Malpertuis et Lucy et se précipite vers elles.

MARTHE SPARRE. — Ah ! mes chéries ! M. d'Héloé, que je prie et conjure de me mener voir des choses fraîches et qui me fait stationner deux heures devant les Carolus Duran. (*Se tournant vers d'Héloé.*) Si jamais on m'y repince, à venir à des Expositions avec vous.

D'HÉLOÉ, *protestant*. — Mais, madame, c'est vous qui...

Marthe Sparre. — Taisez-vous, je me sens à faire peur.

Madame de Malpertuis. — Mais non, mais non.

Marthe Sparre. — Vraiment. (*Elle s'installe sur le banc à côté de ces dames qui lui font place, tire de sa poche une minuscule boîte de poudre de riz, un tout petit miroir et refait tranquillement sa figure, se passant un bâton de raisin sur les lèvres.*) Bon ! voilà qui est fait. (*Se retournant vers les deux dames.*) N'est-ce pas que les hommes n'ont aucune délicatesse ? M. d'Héloé me supplie de lui accorder deux heures de ma journée et de l'accompagner au Salon. Au Salon de cette chaleur... ! quand il y a le Bois, le parc de Saint-Cloud, celui de Versailles, toutes les fraîcheurs, enfin ! et savez-vous où il me conduit : devant les Sargent, les Monténard...

Lucy Tenner. — En plein midi, voyage en Espagne.

Marthe Sparre. — Et devant la dame au hausse-col de Carolus Duran.

Madame de Malpertuis. — La dame au hausse-col, diable !

Marthe Sparre. — Oui, cette monstresse en velours rouge engoncée jusqu'au cou dans un carcan de perles, Notre-Dame des écrouelles, comme l'appelle d'Anlétrin, et cela par cette température, où les poules pondent des œufs durs. (*Tournant le dos à d'Héloé.*) Allez, monsieur, vous êtes impardonnable.

D'Héloé. — Je vous assure, mesdames...

Lucy Tenner et madame de Malpertuis, *en écho*. — Impardonnable.

Madame de Malpertuis, *à Marthe Sparre*. — Avez-vous vu les objets d'art, au moins ?

Marthe Sparre. — Comment, il y a des objets d'art ?

Madame de Malpertuis. — Mais oui, les Baffier, les Chéret, des vases étourdissants et des cruches exquises.

Marthe Sparre. — Mais je n'ai rien vu de tout ça.

D'Héloé, *intervenant*. — Vous n'avez même pas voulu...

Madame de Malpertuis. — Des verreries de Gallet couleur d'améthyste et des grenouilles de Carriès tout à fait extraordinaires.

Marthe Sparre. — Des grenouilles ! et moi qui les adore ! Savez-vous que vous êtes un monstre, monsieur ?

Madame de Malpertuis. — Et des grenouilles en grès émaillé, presque humides, rafraîchissantes à voir.

Marthe Sparre. — En grès émaillé ! mais c'était l'oasis ; allez, monsieur, je ne veux plus vous voir.

D'Héloé, *confus*. — Alors c'est un congé.

Marthe Sparre. — Oui, jusqu'à demain soir, on vous verra au Cirque ? (*Elle lui serre la main.*) Ces dames me reconduiront. (*Bas à Mme de Malpertuis.*) Nous dînons toujours aux Ambassadeurs ?

Lucy Tenner. — Non, c'est changé, à Madrid ou à Suresnes, nous ne savons pas encore, le rendez-vous est au Pré-Catelan, à sept heures.

D'Héloé, voyant qu'il est de trop, salue respectueusement et tourne les talons.

Marthe Sparre, *riant*. — Expédié, j'en avais besoin et, ma foi, je l'ai pris, au fond il n'est pas plus bête qu'un autre.

Lucy Tenner. — Ni plus fort non plus.

Madame de Malpertuis. — Moi, en fait d'hommes, je ne supporte que mon mari et de Lusace.

Marthe Sparre. — Oui, ce Lusace a de l'esprit.

Lucy Tenner. — Et des inventions, car sais-tu pourquoi nous ne dînons plus aux Ambassadeurs ?

Marthe Sparre. — Au fait, pourquoi ?

Lucy Tenner. — C'est toute une histoire ! On doit nous servir un phénomène au dessert. De Lusace a découvert un garçon qui a une voix, mais une voix, ma chère, on en pâme. C'est frais comme de l'eau, prenant comme une caresse et ça vous remue un tas de choses dans l'âme ; figure-toi un triple extrait des voix de Sarah, de Bartet et de Broisat, une voix qui vient de loin, timbrée d'argent, profonde et qui s'altère pour un rien, et vous en émotionne d'autant plus.

Marthe Sparre. — Tais-toi, tu me rends folle !

Lucy Tenner. — Ah ! tu seras, comme nous, amoureuse de cette voix ! Eh bien, de Lusace nous la sert ce soir, au dessert, au moment des fraises à l'éther (car nous allons l'essayer enfin, cette fameuse coupe Jacques à l'éther et au champagne) ; cette délicieuse voix nous dira des vers, de ceux que nous aimons, où il est question de sources, de clair-obscur, de narcisses et de bois pleins d'ombres ; je te dis que ce sera délicieux.

MARTHE SPARRE. — Je m'en sens toute drôle déjà ; ce de Lusace, il n'y a que lui pour avoir des idées comme ça.

Quatre heures après.
Chez ***, le grand restaurant du bord de l'eau de Suresnes.
Mmes Baringhel, de Malpertuis, Marthe Sparre et Lucy Tenner sont assises, très animées, en toilette de ville, dans un cabinet du premier ; comme hommes de Lusace en cravate blanche et smoking, Algernon Filde le poète esthétique anglais, habit dix-huit cent trente à large col de velours noir ouvert sur un gilet de moire blanche, un iris mauve à sa boutonnière, et un inconnu en habit noir.
Sur la nappe guirlandes d'orchidées déjà un peu flétries ; des bougies de cire verte parfumées brûlent dans des candélabres ornés d'abat-jour mauves. On est au dessert : par les fenêtres grandes ouvertes montent des bruits de rames et de vagues rumeurs ; la Seine miroitante de lune s'encadre en décor sur un fond de haute futaie dans la hauteur des fenêtres, il flotte par la pièce une innomable odeur d'orchidées, de dessous capiteux, de champagne et d'éther.

L'INCONNU.

Dans la fraîcheur et l'ombre, au fond du bois obscur,
Le bel Asiatique au front ceint de narcisses
Se penchant sur la source, y plonge avec délices
L'urne retentissante au flanc sonore et dur.

MADAME BARINGHEL. — Oh ! c'est délicieux !

De Lusace. — Chut !

L'Inconnu. —

Le poids du vase d'or enfonce dans l'azur
Les lotus, et l'éphèbe entre leurs lourds calices
Voit, claires comme l'eau sous leurs longs cheveux lisses,
Les naïades sourire au fond du ruisseau pur.

Madame Baringhel. — Oh ! lisses et calices, c'est d'un frais, on en meurt.

Lucy Tenner, *tout bas*. — Taisez-vous, c'est pas l'heure.

L'inconnu s'est arrêté ne sachant s'il doit continuer.

De Lusace. — Mesdames.

Le silence se rétablit.

L'Inconnu. —

Et le blond Argonaute à genoux sur la mousse
Les regarde ondoyer dans l'onde errante et douce ;
Ivre, il leur tend la lèvre et leurs bras sur son cou
Se posent, et dans l'âpre ardeur du crépuscule
Hylas, sous l'eau complice où sonne un rire fou,
Boit l'amour de la femme en oubliant Hercule.

Algernon Filde. — C'est vif.

De Lusace. — C'est grec.

Lucy Tenner. — Ou Anglais, mais quelle voix prenante, hein, Mesdames ?

Madame Baringhel. — Oh ! moi ! je suis comme dans un bain, dans une grotte où il y aurait des algues ; cette voix-là me mouille partout.

De Lusace, *à Mme Baringhel*. — Encore un peu de cette coupe Jacques.

Madame Baringhel. — Oui, donnez, j'adore cette fraise à l'éther.

De Lusace. — C'est d'un ragoût, hein ?

Madame Baringhel. — On dirait un baiser à la neige.

Algernon Filde. — Oui, les boissons glacées dans les écorces des fruits de la *tentation de saint Antoine*, Gustave Flaubert connaissait ses Parisiennes ; il ne manque plus que l'émeraude à travers laquelle on regardait le soleil.

De Lusace. — Mais vous avez les yeux de Mlle Tenner.

Algernon Filde. — Oui, en effet, mademoiselle a des yeux très particuliers *sea-green*, glauques, ni bleus, ni verts ; très dangereux à regarder, ces yeux-là, entre un flacon d'éther et un verre de champagne.

Madame Baringhel, *bas à de Lusace*. — Mais il s'anime donc quelquefois, le poète !

De Lusace. — Jusqu'à la ceinture seulement, membre du club Ofplayers.

Madame Malpertuis, *bas à Marthe Sparre*. — Mais d'où sort-il, cet homme à la voix prenante ?

Marthe Sparre. — Je n'en sais absolument rien, mais quel timbre extraordinaire.

Madame de Malpertuis. — Pour moi, j'en suis remuée au tréfonds de ma chair. Ça m'a mis comme des frôlements de soie dans tous les coins de mon être.

Marthe Sparre. — Moi, c'est comme si on m'effeuillait dans le dos des pétales de fleurs.

Madame de Malpertuis. — Oui, mais qui ça peut-il être? C'est tout juste s'il porte son habit, ses mains sont d'un vulgaire.

Marthe Sparre. — Est-ce qu'on sait! Lusace est si drôle : un garçon de bains, un coiffeur ou un chef de rayon aux cravates du magasin du Louvre, ou bien encore son pédicure ou son masseur.

Madame de Malpertuis. — Ah! fi! quelle horreur!

Marthe Sparre. — Pourquoi quelle horreur?

Madame de Malpertuis. — C'est une idée à moi. Ne pourriez-vous pas m'avoir son adresse?

Marthe Sparre. — Mais demandez-la vous-même à Lusace.

Madame de Malpertuis. — Il ne me la dira pas à moi, tandis qu'à vous. (*Voyant un mouvement de Marthe Sparre.*) Oui, à vous il vous la dira ; tâchez de savoir l'adresse, et son prix, et son heure.

Marthe Sparre. — *Son prix !*

Madame de Malpertuis. — Oui, cet homme-là est un professionnel; je parierai qu'il travaille à la séance; les mains sont fortes, mais d'une agilité charmante; il est musicien, pédicure ou masseur. La voix est un hasard, une pure découverte et un charme de plus. Savez-vous que cet homme a sa fortune faite, s'il a dans les doigts le frôlement de sa voix et son appuyante douceur.

Les deux femmes se regardent dans les yeux et échangent un mystérieux sourire.

MADAME DE MALPERTUIS. — Vous demanderez l'adresse ?

MARTHE SPARRE. — Oui, je vous le promets, mais, chut ! écoutez, il recommence ses vers.

L'INCONNU, *à qui Lusace vient de parler bas.* — « Les Neiges. »

MADAME BARINGHEL. — Ah ! bravo ! cela va être froid, frissonnant et glacé, encore un peu de ces fraises à l'éther.

V

UN PEU DE MUSIQUE

Pendant la seconde représentation des *Troyens*, dans une baignoire, Mme Baringhel, Suzanne des Audraies, le comte des Audraies et de Lusace.

Pendant le premier acte.

Madame Baringhel. — Non, Berlioz ne saura jamais ce qu'il doit à la vicomtesse Greffulhe. C'est une apothéose, cette reprise.

De Lusace. — Oui, c'est le triomphe du genre classique.

Madame Baringhel. — Je parie que vous préférez la *Damnation*, vous !

De Lusace. — Mon Dieu, oui, j'ai la défiance des figures nouvelles en musique comme en toute autre chose, et je ne connais pas les *Troyens*.

Madame Baringhel. — Quelle éducation avez-vous donc reçue, mon cher ? J'ai été élevée, moi, avec la partition, et vous aussi, n'est-ce pas, ma chère ? (*Elle s'adresse à Suzanne.*)

SUZANNE DES AUDRAIES. — En effet, c'était là le cheval de bataille de nos mères.

DE LUSACE, *souriant*. — Grande musique et grands sentiments.

MADAME BARINGHEL. — Taisez-vous, laissez-nous entendre le duo des deux femmes.

DE LUSACE. — Je ne demande pas mieux, c'est vous qui...

MADAME BARINGHEL, *lui déployant son éventail sur la figure*. — Chut !

(*Les deux femmes s'installent pour écouter enfin.*)

DES AUDRAIES, *à de Lusace*. — Vous retournez demain chez Molier !

DE LUSACE. — Plus souvent que j'y manquerais, le jour de nos tendresses.

DES AUDRAIES. — Cythère au grand complet, hein ?

DE LUSACE. — Le ban et l'arrière-ban, toutes ces dames au salon, du faubourg Montmartre à l'Etoile.

DES AUDRAIES. — Veinard !

DE LUSACE. — Pourquoi n'y venez-vous pas ?

DES AUDRAIES. — Et ma femme, malheureux ! que voulez-vous que j'en fasse ? Je ne peux pourtant pas l'emmener applaudir San Marin et Mlle Tancette, entre Henriette Mongey et Mme de la Bigne ; l'autre jeudi, nous étions déjà à côté des sœurs de Presles, le jeudi des femmes du monde !

DE LUSACE. — Bah ! qu'est-ce qui n'est plus du monde aujourd'hui !

DES AUDRAIES, *ébahi*. — Mais...

De Lusace. — Laissez donc, si pas encore, elles en deviendront.

(*A ce moment la toile tombe au milieu des applaudissements.*)

Madame Baringhel, *se retournant vers les hommes*. — Avez-vous assez bien écouté? Ne protestez pas, c'est un scandale. Et cette petite chante comme un ange, n'est-ce pas, comtesse? (*Se levant de sa place.*) D'ailleurs vous n'avez rien perdu ; au fond c'est crevant. (*Au comte des Audraies.*) Ouvrez donc cette porte, cher comte, on étouffe dans cette baignoire ; et vous, de Lusace, passez-moi les bananes.

(*De Lusace prend sur un des sièges resté libre une boîte en fer-blanc précieusement enveloppée, en dénoue les rubans, l'ouvre et la passe à ces dames. La boîte est pleine de groseilles à maquereaux et de bananes énormes que ces dames mangent le plus tranquillement du monde.*)

Pendant le second acte.

Madame Baringhel. — Décidément cet Enée est trop laid, je ne pourrai jamais l'entendre chanter le duo d'amour.

Suzanne des Audraies. — C'est tout à fait le prince Napoléon.

Madame Baringhel. — Quelle horreur ! (*A des Audraies.*) Comte, empêchez-la de médire des morts, savez-vous à qui elle compare ce monstre?

Des Audraies. — Quel monstre ?

Madame Baringhel. — Taisez-vous, il est trop tard, écoutons le septuor.

Pendant le septuor.

Comte des Audraies, *à de Lusace.* — Cette petite Bonnefoi est vraiment délicieuse.

De Lusace. — Oui, tout à fait l'air d'une *professionnal beauty* de la *season* avec cette coiffure en boucles et ces bandelettes.

Des Audraies. — Et des bras d'une gracilité, les jambes d'un galbe. (*Serrant nerveusement le bras de Lusace.*) Je la trouve excessivement capiteuse.

De Lusace. — En effet, elle a beaucoup de miss Langtry.

(*Sur la scène Didon entonne la phrase fameuse :*)

Par une telle nuit le front ceint de cythises
Votre mère Vénus menait le bel Anchise
Aux bosquets d'Ilion

Madame Baringhel. — Oh ! le duo d'amour, passez-moi les bananes. (*Au comte interloqué.*) Oui, les ba-na-nes, je parle français.

Suzanne des Audraies. — Vraiment vous...

Madame Baringhel. — Oui, croyez-moi, c'est une sensation tout à fait rare.

Des Audraies, *à de Lusace.* — Elle devient complètement folle.

De Lusace. — Non, elle continue.

Madame Baringhel, *d'une voix éteinte à la com-*

tesse des Audraies. — N'est-ce pas, que c'est comme du velours.

Suzanne des Audraies. — Moi, j'y trouve comme un goût de fraise ; ces fraises extraordinaires que vous nous avez fait manger chez vous, l'autre jour.

Madame Baringhel. — Taisez-vous, elles étaient à l'éther.

(*La conversation meurt étouffée sous les accents passionnés et les clameurs délirantes de Didon et d'Énée pâmés d'amour.*)

VI

PROPOS DE TABLE

Aux Ambassadeurs.

Aux Ambassadeurs, au dîner annuel dans lequel d'Éparvin rend toutes les politesses reçues depuis le 1ᵉʳ janvier (tous les printemps, la semaine du Grand-Prix, ça ne rate pas). Table de dix-huit couverts, public élégantissime et relativement mêlé, faubourg Saint-Honoré, faubourg Saint-Germain et faubourg Montmartre; clubmen, sportmen, artistes peintres et quelques décavés, d'Éparvin allant dans tous les mondes ; quelques femmes du plus pur Faubourg venues en partie avec leurs maris et ravies, elles, de s'encanailler, Mᵐᵉ Baringhel et Mᵐᵉ des Fastes, seules femmes de banquiers.
De grandes lampes-phares coiffées d'abat-jour roses éclairent doucement la table; de longs hamacs de pungée de la Chine de nuances délicieusement fausses, les relient entre elles, remplis jusqu'au bord de gardénias et de roses Niel. L'odeur est d'ailleurs entêtante et, le fumet des grands crus aidant, la migraine menace.

Une cravate blanche. — Oui, de l'esprit de gens de maison !

Un gilet blanc a cravate noire. — De maison où l'on aurait de l'esprit, je vous trouve dur pour le *Prince d'Aurec.*

La cravate blanche. — Ni dur ni tendre; il a

ramassé tous les potins plus ou moins éculés qui
traînent depuis dix ans entre le Ghetto et la rue de
Varennes, vieux galons, vieilles savates, toute la défroque des duchesses avariées, plus ou moins entretenues par nos *bons chands d'habits*. Il a mis çà et là
du gros sel de cuisine et du poivre d'office, voire
même de l'huile à graisser les roues chippée à la sellerie, et il a servi chaud cette pot-bouillabaisse. On y
égratigne le juif et on nous gifle un peu, mais comme
on caresse, du bout du plumeau ! La pièce fera de
l'argent, on y malmène tout ce que le bourgeois cupide et vaniteux ambitionne et envie.

Une voix flutée de jeune femme. — La naissance
et l'argent, moi j'y ai beaucoup ri.

Le gilet blanc a cravate noire. — Vous aviez toutes
les clés ?

La voix flutée. — Non, mais quelques amies et je
puis vous affirmer que les barons Moïse, Abraham et
Sina n'ont jamais confié leurs livres de chèques, mais
le chèque avec le chiffre dûment inscrit d'avance
aux jolies mains qui veulent bien se laisser prendre.

Une barbe blanche genre Newkerque. — Mais pourtant les ?... (*noms chuchotés qu'on ne peut entendre*).

La voix flutée. — Oh ! parce qu'il s'est trouvé deux
marquises ! Songez, deux sur le nombre..., ce n'est
pas une moyenne d'un sur cent, et il n'y a de juifs
qu'à Paris.

Une moustache impertinente. — En province il y
a le notaire.

Une robe mauve a dessins d'argent. — Je ne vous ai pas vue au Grand-Prix.

Une robe rose a reflets vert pale. — Et pour une bonne raison, je n'y étais pas, ma chère. Pataprouf m'a manqué de parole, ma robe n'est arrivée qu'à deux heures, j'étais du mail Kœtmoguen. Il y a beau temps que l'on était parti.

La robe mauve. — Ah ! vous étiez du mail Kœtmoguen. Eh bien ! vous l'avez échappée belle. Youyou a eu l'idée de prendre par Suresnes, ils se sont heurtés au cordon des gardes municipaux ; ils ont dû remonter par Auteuil ; ils sont arrivés... comme la marée... en retard et d'une fraîcheur..., il ne leur manquait qu'une branche de persil !

La robe rose. — Aux ouïes.

La robe mauve. — Vous l'avez dit.

Un plastron blanchi a Londres. — Et vous étiez de la petite fête ?

Une cravate blanche épinglée de perle. — Chez Molier, certainement.

Le plastron de Londres. — Hein ! cette petite Ducroquet...

La cravate blanche. — Oh ! épatant, mon cher. Il faut avoir vu ça pour y croire.

Les deux hommes se parlent bas.

Une robe noire a manches jaunes. — Un coupe-Jacques à l'éther, mais ce doit être affreux !

Madame Baringhel. — Je vous assure que non, et puis ce monsieur avait une voix...

Un gilet noir brodé a Londres. — Ah ! oui, le fameux dîner de Suresnes ; vous en étiez, madame ?

Madame Baringhel. — Certainement.

Le gilet noir brodé a Londres. — Il paraît que ç'a été gai...

Le gilet noir parle tout bas, la robe noire se pâme.

Madame Baringhel, *pouffant*. — Très gai.

Madame Baringhel, *déployant tout grand son éventail*. — Mais jamais de la vie ; comment, on a dit cela ?... mais c'est une horreur !

Le gilet noir, *riant*. — Je vous assure qu'on dit partout que c'était le pétomane.

Madame Baringhel. — Ce pauvre garçon ! Madame, la plus jolie voix, la plus fraîche, la plus caressante... et il a dit des vers.

Dans le faubourg.

Dans le faubourg : dîner un peu mêlé, hélas ! comme ils le sont tous, maintenant. La duchesse née Piéfou, la marquise d'Héfleurons, la comtesse des Audraies, Mme de Panama, la richissime banquière juive de Lisbonne, miss Enigma, peintresse esthète, et la baronne Amerlys, un peu bas-bleu et déclassée, auteur d'un beau recueil de pensées couronné par l'Académie.

Le marquis, de Lusace, d'Anletrin, un académicien, le vieux général, Chasteley, d'Héloé, poètes quoique nés, et le Monsieur grincheux qui a connu Baudelaire

Salle à manger en laque de Coromandel, rideaux de soie fauve rayée rose et lilas. Deux cheminées se font face surmontées, chacune, de délicieux trumeaux Louis XV ; les foyers vides sont remplis de roses et de pivoines de la Chine, envoi du château de la marquise. Pas de fleurs sur la table. On en est aux asperges.

La comtesse des Audraies. — Exquises, ces asperges !

La duchesse. — C'est mon petit-fils qui me les envoie.

Madame de Panama. — Le prince d'Oste est à Jaucourt.

La duchesse. — Oui, il surveille l'installation des chevaux ; dès le grand prix couru, nous partons.

Madame de Panama. — Oh ! moi, je ne quitte qu'à la dernière extrémité. J'adore Paris, c'est de l'idolâtrie.

Le vieux général. — Comme je vous comprends, mais, moi, je suis un vieux troupier d'Afrique, je ne crains pas la chaleur, tandis qu'une femme, une fleur délicate…

Madame de Panama. — Bah ! s'il fait trop chaud, on s'installe à Madrid.

D'Anletrin, *entre ses dents*. — Comme les filles.

Madame de Panama. — Oh ! c'est très amusant : l'an dernier j'y ai passé un mois… Ce que j'y ai fait de drôles de connaissances !

D'Anletrin, *bas à d'Héloé*. — Elle veut dire des reconnaissances. Panama a fait deux millions d'affaires pendant le séjour de sa femme là-bas, le prêt d'Epernon, l'avance au petit Stakem et le courtage des diamants de Suzanne… le château d'Epernon est à vendre le 20 juin et Stakem est à la côte… Oh ! elle n'a pas perdu son temps, la belle Rebecca.

D'Héloé. — Madame ramène… et rapporte ?

D'Anletrin. — Comme un drak allemand.

D'Héloé. — Quoique Portugaise !

D'Anletrin. — Portugais, Prussiens, le baron est de Hambourg, quoique de Panama.

Autre bout de table.

Le vieux monsieur grincheux, *qui a connu Baudelaire*. — Bah, Goncourt, Daudet, des nerveux, des sensitifs, mais pas de sang. Zola, au moins, passe encore, et encore !... Ainsi, moi qui ai connu Baudelaire...

La baronne Amerlys. — Je demande grâce pour Loti.

Le vieux monsieur grincheux. — Loti, mais ce môsieur Viaud, je crois, Viaud... Loti.

La baronne Amerlys. — Je l'ai bercé sur mes genoux, monsieur, je l'ai connu enfant, c'est une âme de jeune Océanienne, n'est-ce pas, monsieur, vous qui l'avez accueilli, applaudi ? (*Elle se penche sur le vieil académicien.*)

L'académicien. — Certainement, sa philosophie du néant est enfantine et sa composition ne tient pas debout, mais il y a des qualités de distinction dans sa mélancolie..., il a compris les humbles.

La baronne Amerlys. — Et il les a aimés.

Le vieux monsieur grincheux. — Pas comme Baudelaire... ah ! Baudelaire.

Voici le soir charmant ami du criminel.
Il vient comme un complice à pas de loup... Le ciel...

D'Anletrin, *de loin*. — Faites-le taire.

Le vieux monsieur grincheux, *qui a perdu le fil de son discours*. — Edition Poulet-Malassis, monsieur ; j'ai pour cent mille francs d'éditions rares en ma bibliothèque.

La comtesse des Audraies, *à voix basse*. — Et six mille bouteilles dans sa cave ; quel raseur !

Chasteley. — Pourquoi la duchesse l'invite-t-elle ?

D'Anletrin. — Par égoïsme : elle l'a eu trente ans de sa vie sur le dos, c'était l'ami intime du feu duc, et maintenant, comme elle ne peut le casser aux gages, elle l'impose à ses amis. Ennui partagé.

La comtesse des Audraies. — Compris. (*Regardant le vieux monsieur grincheux manger les asperges.*) — Il a une façon de manger ses asperges, c'est dégoûtant, il engloutit.

Autre bout de table.

Madame de Panama. — Oh ! moi, à partir du 15 mai, je ne dîne plus chez moi, toujours dehors, un soir aux Ambassadeurs, un autre à l'Alcazar, un autre à Armenonville, c'est très amusant.

Le vieux général. — Vous avez vu, cette année, Yvette ?

Madame de Panama. — Yvette, Kam-Hill, Bruant, Armandary... Je n'ai plus qu'une chose qui vraiment me tracasse.

D'Anletrin. — Pas possible.

Madame de Panama. — Aller chez Molier le soir des filles.

D'Anletrin. — Et y faire un petit numéro, peut-être ?

Madame de Panama. — Pourquoi pas ! J'achèterais la presse et l'on me couvrirait de fleurs.

D'Héloé, *froidement*. — Pourquoi ne débutez-vous pas chez Bob Walter ?

Madame de Panama. — Qui ça, Bob Walter ?

D'Anletrin. — Le Robinson du 19, rue de la Tour, au profit de la caisse des Victimes du Devoir... C'est cinquante francs le billet.

Madame de Panama. — Les Victimes du Devoir, il existe donc de ces gens-là ?... Des résignés, n'en faut plus, moi je suis nouvelles couches.

D'Héloé, d'Anletrin et de Lusace. — Ça se voit.

Autre bout de table.

La marquise. — Il faut aller voir cela, ma chère, le deuxième est unique et c'est chanté !

La duchesse, *rêveuse*. — Oui, les *Troyens* et le fameux duo du second :

Par une telle nuit,

l'ai-je assez chanté !

Le vieux monsieur grincheux. — Oui, de la musique de Gluck, un pastiche habile qui peut tromper les sots, duper les imbéciles, mais quel livret, quelle phraséologie... Et il avait sous la main le seul, l'unique...

Chasteley et d'Héloé, *en chœur*. — Baudelaire.

D'Anletrin. — Il me dégoûterait des *Fleurs du mal*, cet animal-là.

La comtesse des Audraies. — Et moi des asperges!

De Lusage. — Et ce serait dommage.

La comtesse des Audraies, *le regardant fixement*. — Grand dommage, en effet, cher monsieur et ami.

VII

NOS ABONNÉS

> Comme un long soupir de violoncelle,
> Ecoute s'enfler, sur l'eau qui ruisselle,
> La pleurante voix qu'exhale le saule...
>
> Bruit imperceptible, et qu'un rien nous voile,
> Entends-tu le clair solo d'une étoile
> Dont le blanc rayon te cherche et te frôle ?...
>
> (*La vie du Poète.* — Gustave Charpentier.)

A l'Opéra, un vendredi, dans une baignoire d'avant-scène Suzanne des Audraies, marquise de Malpertuis et Mme Baringhel, toutes les trois en blanc, les épaules nues et très diamantées, surtout Mme Baringhel, toutes les trois blondes avec ondulations de chez Marcel; dans le fond de la baignoire, le comte des Audraies, Smokel et le marquis de Malpertuis.

On est au deuxième acte, des voix chantent :

Entends-tu la nuit, la nuit calme et tendre?

Madame Baringhel. — Ah! voilà qui me réconcilie avec le premier acte ; elle ne m'avait pas enthousiasmée, cette scène de l'enthousiasme, mais ce deuxième est délicieux.

Smokel. — Hum! les abonnés auront du mal à

s'habituer aux choristes en habit dans l'orchestre.

Comte des Audraies. — En effet, je crois que ce sera dur.

Marquis de Malpertuis. — Sans compter que, comme musique, c'est crevant.

Madame Baringhel, *à la marquise*. — Vous l'entendez, ma chère ?

Marquise de Malpertuis. — Rien ne m'étonne de lui, il crève d'ennui ainsi le long des jours.

(Les voix des choristes chantent :)

Entends-tu la nuit, la nuit calme et tendre ?

Madame Baringhel. — Les hommes ne viennent ici que pour les dessous des danseuses. (*S'adressant à Smokel.*) Voyons, vous, vous ne me direz pas que vous n'aimez pas ces voix.

Smokel. — Celles de Jeanne d'Arc me suffisaient.

Madame Baringhel. — Eh bien ! mon cher, il fallait acheter l'Hippodrome. (*Braquant sa jumelle sur l'avant-scène d'en face où vient de s'installer toute une bande*). Tiens la baronne de Jérusalem avec les Chanaan de Bruxelles.

Smokel. — Il vient puiser l'inspiration pour son premier concert à la salle Pleyel.

Madame Baringhel, *regardant toujours*. — Oh ! cette jeune fille qui les accompagne, avez-vous vu ce front? elle a un profil de gamme chromatique, ce doit être sa fille.

Toute la loge en chœur. — Ce doit être la sienne.

Smokel. — Nous l'espérons bien.

(Une heure après, pendant l'entr'acte, les mêmes plus de Lusace et Chasteley.)

Marquise de Malpertuis. — Eh bien ! que dit-on dans la salle ?

De Lusace. — Eh bien ! on dit qu'on s'y fera, mais la première fois, c'est dur.

Suzanne des Audraies. — Moi, j'adore l'acte de l'ivresse. Montmartre avec les pistons du Moulin de la Galette et les *rires clairs de la joyeuse inconsciente*, tout cela m'a fort émoustillée, j'en conviens. je me croyais à la fête de Neuilly.

Madame Baringhel. — A propos, il faudra y aller un de ces soirs.

De Lusace. — Où cela ? au Moulin de la Galette.

Madame Baringhel. — Mais non, à Neuilly ; nous dînerons ce jour-là à Madrid. Que faites-vous demain soir ? (*Silence.*) Je n'ai pas d'écho, eh bien ! j'irai seule. Vous m'y conduirez, Chasteley.

La Marquise de Malpertuis, *à de Lusace*. — Moi, j'aime mieux l'avouer, cette musique-là est au-dessus de mes forces. J'avais déjà souffert aux *Troyens*, songez !

De Lusace. — Pourtant, le rire de la jeune inconsciente ne manquait pas de suggestion, était-il assez perlé ! Qu'est-ce que ces messieurs pouvaient donc bien faire à Mlle Fiérens pour la faire rire ainsi dans la loge directoriale ?

Madame Baringhel, *à Chasteley*. — Oui, le deuxième acte et le tableau de Montmartre, je vous les accorde, mais le poète et les voix d'en haut dans le décor sauvage où *les flaques d'eau semblent des larges larmes*, non, avaler ça une seconde fois, j'en suis tout à fait incapable.

Chasteley. — Vous venez, madame, d'en faire le plus grand éloge, ce troisième acte s'intitule *impuissance*.

Madame Baringhel. — Tout s'explique, l'impuissance, j'ai toujours eu l'horreur de cet acte-là. (*Elle regarde dans le blanc des yeux Chasteley, qui ne peut s'empêcher de rougir.*)

La Marquise de Malpertuis, *à de Lusace*. — Qu'est-ce qu'a donc le Prince, ce soir ? Il est d'un affaissé, regardez-le, il dort sur le bord de sa loge.

De Lusace, *souriant*. — De la tenue, Montpavon.

Smokel. — On n'a pas toujours seize ans. Le sommeil du lion ou les suites de dix minutes d'entretien avec Mlle Brandès.

Madame Baringhel. — Où est-elle ?

De Lusace. — A l'amphithéâtre, avec sa mère, naturellement.

Smokel. — Dite la mer Caspienne, parce qu'elle ne correspond avec aucune autre mère.

Chasteley. — Sauf Francisque Sarcey ou notre maire à tous.

De Lusace. — Ce que c'est que de fréquenter les bureaux de rédaction. (*A Chasteley.*) Vous expiez chè-

9

rement vos succès de librairie, mon cher, vous avez de l'esprit comme un chroniqueur.

(L'orchestre entame l'ouverture de *Sylvia*.)

Marquise de Malpertuis. — Mais où sont nos maris ?

Madame Baringhel. — Où voulez-vous qu'ils soient si ce n'est au foyer, en train d'ajuster les maillots de ces dames.

Marquise de Malpertuis. — En effet. (*A Chasteley et à Lusace qui font mine de sortir.*) Mais restez donc, messieurs, tant pis pour les absents, ils se placeront comme ils pourront à l'orchestre.

Suzanne des Audraies. — Et vous nous raconterez les potins de Mme Cardinal.

Madame Baringhel, *s'installant enfin pour écouter, son éventail de plumes ramené contre ses seins* — Ah ! les pizzicati ; comme cette musique vous repose !

Une heure après, pendant le ballet, on est au milieu du premier acte de *Sylvia* ; toute la baignoire a jusqu'ici écouté dans le plus religieux silence. Mlle Mauri vient de terminer la fameuse valse lente.

Madame Baringhel, *adressant un regard circulaire à toute la baignoire.* — Eh bien ?

Marquise de Malpertuis. — Eh bien ?

Smokel. — Elle a épaissi.

Chasteley. — Dame, les années comptent, et puis, elle n'a jamais été la nymphe de Diane. Une double ponnette là où il faudrait un Jean Goujon, des jambes fuselées, une taille élancée, et juste assez de hanches pour faire hésiter Artémis entre elle et Endymion.

Marquise de Malpertuis. — Il faut écrire ce que vous venez de dire là, c'est délicieux sur la musique,

De Lusace. — Rassurez-vous, madame, rien n'est perdu avec Chasteley. Nous retrouverons tout cela dans un prochain sonnet, mais vous ne lisez pas les revues de jeunes.

Madame Baringhel, *à de Lusace*. — Moi, j'ai toujours trouvé que son rôle était la *Korrigane*.

De Lusace. — Et que vous avez raison, elle est courte, c'est un basset.

Madame Baringhel. — Un basset, quelle horreur !

De Lusace. — Vous me comprenez mal, je veux dire qu'elle est ramassée, trapue et bien bretonne, et puis elle sabotait à ravir.

Madame Baringhel. — Et comme cette orchestration paraît maigre auprès de celle de Charpentier ; d'ailleurs j'ai toujours préféré *Coppélia*.

Chasteley, *intervenant*. — En somme, ça a vieilli.

Suzanne des Audraies. — Ah ! l'entrée d'Invernizzi.

Madame Baringhel. — Il n'y a pas à dire, elle porte le travesti comme personne.

Marquise de Malpertuis. — Et cette perruque rousse lui va... Ne lui trouvez-vous pas un faux air de Mme de Portalègre ?

Madame Baringhel. — Absolument, j'allais le dire.

Une demi-heure après, pendant le second acte, les deux négrillons dansent le pas de la coupe.

Marquise de Malpertuis, *à M*^me *Baringhel*. — Comment ! vous n'avez pas vu la table et la commode de Montesquiou au Champ de Mars ?

Madame Baringhel. — Mais non, où cela ?

Marquise de Malpertuis. — Section des objets d'art, mais c'est un meurtre, il faut avoir vu cela, c'est ce qu'il y a de mieux dans toute l'Exposition.

Madame Baringhel. — Voilà ce que c'est que d'y avoir été avec Marthe Sparre ; elle est folle à lier de son d'Héloë, et comme elle ne fait pas un pas sans lui, elle ne voit rien où elle va, et ils sont, ces meubles ?

Marquise de Malpertuis. — Miraculeux tout simplement. Figurez-vous des incrustations en bois de couleur sur fond de citronnier représentant des hortensias, d'énormes hortensias roses et bleus jetés de-ci de-là, et sur le marbre de la commode d'un beau rouge sanguin, un éparpillement de feuilles mortes obtenu par des marbres de couleur. Montesquiou a combiné le plan, donné les dessins, Gallet de Nancy a exécuté.

Madame Baringhel. — Vous m'en voyez pantelante, je ne me tiens pas de les voir.

Marquise de Malpertuis. — Et il se trouve un M. Lavedan pour attaquer l'aristocratie et dire que nous sommes tous incapables de quoi que ce soit au faubourg.

Smokel, *intervenant*. — Hors danser pavane ou conduire mail-coach.

Quarante minutes après, ces dames sont en train de s'insinuer dans de longs manteaux de soie brochée de grosses fleurs à plis Watteau froufroutant de dentelles.

Suzanne des Audraies. — Moi, c'est plus fort que ma volonté, je ne peux pas voir de pareilles laideurs. Tout mon plaisir est gâté dès qu'il est en scène, j'ai passé tout le deuxième acte dans le fond de la baignoire, ç'a beau être un cyclope, ces gens-là ne ressemblaient pas à Drumont.

Madame Baringhel. — Le fait est que cet Orion est épouvantable, c'est le vieux juif à barbe dans toute sa hideur, mais il me rappelle plutôt Saint-Amand.

Le Marquis de Malpertuis, *qui vient de rentrer*. — Taisez-vous, il est dans la salle.

Marquise de Malpertuis. — Si vous croyez qu'Aminta est mieux, moi je le trouve affreux, ce tendre berger.

De Lusace. — Le fait est que j'aimais mieux Mérante.

Madame Baringhel. — Oui, tout vieux qu'il était, Mérante était cent fois mieux, il ne vous rappelle rien à vous, ce Vasquez ? voyons cherchez bien.

Suzanne des Audraies. — Oui, attendez, Raffinet, le beau Raffinet.

De Lusace. — Ou Mathilde Auguez en caricature avec de la barbe.

Madame Baringhel, *pouffant de rire*. — Eh bien, moi, il me rappelle Pomar.

Toute la baignoire. — Le duc, le cher petit duc.

Madame Baringhel, *s'enveloppant de dentelles blanches*. — L'enfant à sa mère !

Cinq minutes après, de Lusace et Smokel descendant l'escalier de la place.

De Lusace, *à Smokel*. — Je sais bien que c'est Colonne qui l'a imposé, mais il faut savoir gré à Bertrand d'avoir monté la chose et puis cette reprise de *Sylvia* rassure les abonnés. Songez, avec Bertrand, vingt ans de *Variétés*, on pouvait tout craindre à l'Opéra. Félicia Mallet et Yvette Guilbert.

VIII

LEUR PASSE-TEMPS

Chez Mme Baringhel. Petit salon tendu de vieille soie ivoire brochée de grosses gerbes, roses jaunes et iris, portières d'étoffes souples de nuance amortie de chez Liberty ; sièges bas de style Louis XV cannés et dorés avec coussins de quinze-seize vert pâle.
Partout, sur les tables, la cheminée et dans des bambous des Indes de fabuleuses fleurs d'orchidées, des mauves, des blanches et des rouge sang.
Atmosphère obscure et parfumée, les persiennes sont hermétiquement closes. Chasteley en tenue de visite d'été, redingote et pantalon gris ardoise, haut cravaté de noir à fleurs vertes est assis sur un pouf du salon ; il attend.
Entre en coup de vent, la belle Mme Baringhel, un sillage de parfums violents la suit.

MADAME BARINGHEL, *toute blanche dans un fouillis de soie et de dentelles, souligné par une traîne de velours russe vert Nil, un léger zézaiement.* — Excusez-moi, cher Monsieur, mais j'étais nue (*s'asseyant dans un fauteuil*), nue absolument ; voyez, je n'ai pas même pris le temps de me chausser pour vous. (*Elle avance son pied nu dans une mule de velours mauve brodé d'argent et le retire immédiatement*), j'étais avec mon pédicure.

Chasteley, *stupéfait*. — Votre pédi...

Madame Baringhel. — Oui, un pédicure étonnant... Il a une légèreté de main, un talent, c'est délicieux... il vous cueille ça comme des fleurs..., c'est de Lusace qui me l'a enseigné, une vraie merveille... mais n'allez pas croire que j'ai des cors... fi ! ou des horreurs... non, je n'ai rien, voyez plutôt. (*Elle avance de nouveau deux pieds effectivement intacts et très blancs ; à un geste de Chasteley pour les prendre, elle les rentre précipitamment sous sa robe.*) Mais il vient passer une heure tous les jours, de deux à trois, et il me les tripote... pour le plaisir... Ma femme de chambre a des ordres ; on l'introduit à la fin de ma sieste, il entre en séance et ça m'éveille doucement, doucement. (*Regardant Chasteley ahuri.*) Avant, j'avais un coiffeur pour me toucher la tête, mais ça m'endormait au lieu de m'éveiller et puis cela me laissait une langueur, un énervement... J'ai acheté une petite musique dont Sidonie (c'est ma fille de chambre) me joue pendant ce petit travail... c'est exquis tout simplement. (*Regardant Chasteley fixement.*) Mais quel bon vent vous amène ?

Chasteley. — Mas je viens aux ordres, madame.

Madame Baringhel. — Quels ordres ?

Chasteley. — Mais hier à l'Opéra, n'avez-vous pas manifesté le désir d'aller à la fête de Neuilly, un soir et de dîner à Madrid avant !

Madame Baringhel. — Comme c'est gentil à vous de vous en souvenir, j'avais dit cela en l'air, mais puisque personne ne veut marcher dans la combinaison...

Chasteley. — Mais je ne demande que cela, moi, madame.

Madame Baringhel. — Alors nous deux, tout seuls à la fête et au restaurant... et dans un cabinet particulier. Comme vous vous ennuieriez, mon ami ; et puis je ne veux pas vous enlever à ces demoiselles.

Chasteley. — Ces demoiselles n'ont rien à faire...

Madame Baringhel *apitoyée*. — Plus rien à faire... déjà ! vraiment.

Chasteley, *impatienté*. — Vous me comprenez mal ; vous m'avez demandé mon bras hier pour vous conduire à la fête, le voici... Je ne sortirai pas d'ici que vous n'ayez pris jour pour...

Madame Baringhel. — Embarquement à Cythère par Neuilly. Il n'y a qu'un *mais*, cher monsieur, je ne me suis jamais embarquée pour ces endroits-là, même en bateau-mouche ; on ne me fait pas la cour, à moi, si ce n'est pour la galerie...

Chasteley. — Quand ça peut faire enrager une amie.

Madame Baringhel. — Absolument... J'ai horreur du flirt, ça ne mène à rien (*mouvement de Chasteley*) ou presque à rien ; et en dehors de l'esprit que j'adore, saluez, monsieur, j'en tiens, moi, pour la sensation ; or, j'ai un coiffeur, un pédicure...

CHASTELEY. — Délicieux ?

MADAME BARINGHEL. — Délicieux ; une baigneuse... un lecteur à voix prenante qui vient me captiver les oreilles trois fois la semaine et un compotier à musique.

CHASTELEY. — Un compotier à musique !

MADAME BARINGHEL. — Comme vous le dites, j'ai trouvé cela au restaurant. Vous voyez donc que tout mon temps est pris, et puis, franchement, M. Baringhel me laisse trop absolument maîtresse de réaliser toutes mes fantaisies. J'aurais mauvaise grâce à le tromper, convenez-en.

CHASTELEY. — Alors ?

MADAME BARINGHEL. — Pas de restaurant ; croyez que je le regrette, j'adore dîner à la campagne et je me faisais une véritable fête.

CHASTELEY. — Dites donc la vérité, vous avez peur de vous compromettre.

MADAME BARINGHEL. — Pour rien, absolument.

(Un domestique soulève la portière et annonce Mme de Panama.)

MADAME BARINGHEL, *se levant*. — Mme de Panama nous sommes sauvés ; invitons, emmenons, Mme de Panama... vous lui ferez la cour, elle ne récalcitrera pas, elle.

CHASTELEY. — Pas assez... je la connais... Merci de la proposition. Il faudra l'outrager tout le temps..., si vous croyez que ce sera amusant.

MADAME BARINGHEL. — Mais cela m'amusera beaucoup, moi, de vous voir vous défendre ; c'est convenu, je l'invite et nous organisons cela pour...

Chasteley. — Mais je n'en suis plus... si Mme de Panama...

Madame Baringhel. — Chut, la voilà. (*Allant au-devant de Mme de Panama qui, aveuglée par l'obscurité, est demeurée hésitante à l'entrée du petit salon.*) Par ici, chère amie, dans le noir, tout au fond du salon.

IX

SOIR DE FÊTE

> Tournez, bons chevaux de bois,
> Tournez en rond, tournez cent fois.

Dix heures du soir, à la fête de Neuilly, des cris, des drelin-dindins de sonnette exaspérée à rendre fou Néron, des cornets à bouquin, des bruits de tir et des hoquets de valses que d'implacables orgues de Barbarie sont en train de moudre dans le lointain, la *Czarine* et l'*Hymne russe*, loteries et chevaux de bois ; des boniments de femmes géantes et des grincements de derboukas à la porte des belles Fatmas aguichent dans une atmosphère poussiéreuse, où graillonnent à la fois des relents de fritures et des odeurs de gaufres.
Mme Baringhel, Chasteley le poète, le comte de Restacourt et Mme de Panama. Un landau de grande remise les suit au pas ; ces dames sont en toilettes claires, enveloppées de mantes de soie changeante, les hommes en habit, pardessus mastic et cravates blanches, mais en petit chapeau.
Restacourt et Mme de Panama marchent en avant, Mme Baringhel et Chasteley les suivent.
Circulent dans la foule des camelots, les bras chargés d'immenses plumes de paon.

LES CAMELOTS. — Chatouillez-vous, messieurs, chatouillez-vous, mesdames ; allons, chatouillez-vous, voici de belles plumes, chatouillez-vous, ça fait toujours plaisir, achetez mes jolies plumes de paon.

Madame Baringhel. — C'est d'un fin de siècle... il y a dix ans, la police des mœurs eût interdit ce commerce.

Chasteley. — Et elle aurait eu tort, ça existait déjà du temps des Romains.

Madame Baringhel, *à part*. — Cet homme est prodigieux, il sait tout ; (*haut*) alors expliquez-moi la manière...

Chasteley. — De s'en servir... oh! très simple. (*Il lui parle dans le creux de l'oreille.*)

Madame Baringhel. — C'est une horreur, mais ça doit être exquis.

Madame de Panama, *à Restacourt qui la chatouille avec une plume*. — Allons, voyons, finissez ; vous êtes un grand enfant. (*Elle lui donne un coup d'éventail.*)

Restacourt, *pressant*. — Et l'on vous trouve ?

Madame de Panama. — Chez moi jusqu'à trois heures, tous les jours.

Restacourt. — Et M. de Panama revient ?

Madame de Panama. — Samedi prochain ; avis, dépêchez-vous.

Restacourt, *à part*. — J'irai dimanche.

Madame Baringhel, *à Chasteley*. — Il est tout à fait parti, le cher comte.

Chasteley. — Faux départ, attendez l'arrivée.

Madame Baringhel. — Il n'arrive pas ?

CHASTELEY. — Quelquefois, mais il se dérobe à l'obstacle.

MADAME BARINGHEL. — Mais Mme de Panama n'en fait pas.

CHASTELEY. — Ah ! si c'est une course en plaine... Entrons-nous là. (*Il désigne la baraque à Marseille.*)

MADAME BARINGHEL, *à Mme de Panama*. — Entrons-nous là ?...

MADAME DE PANAMA, *vexée d'être dérangée dans son flirt*. — Ces gros hommes, ils sont trop laids, ma chère.

MADAME BARINGHEL, *ajustant son face-à-main*. — Et puis comme ils ont chaud ! j'en ai soif. (*A Chasteley.*) Avez-vous les bonbons anglais ?

CHASTELEY, *lui passant la bonbonnière*. — Voilà. Voulez-vous faire un tour de chevaux de bois.

MADAME BARINGHEL. — Pourquoi pas de bicyclette à vapeur ? Proposez plutôt les montagnes russes à nos amoureux.

CHASTELEY, *à Restacourt et à Mme de Panama*. — Un tour aux montagnes russes ?

Après quelques minutes d'instances, Mme de Panama accepte ; Restacourt s'installe avec elle, Mme Baringhel se récuse, Chasteley demeure auprès d'elle pour ne pas la laisser dans la foule ; Mme de Panama et Restacourt passent et repassent dans un tourbillon, enlacés la main dans la main, Mme de Panama à demi pâmée sur son compagnon presque entièrement disparu dans ses jupes.

MADAME BARINGHEL, *derrière son éventail*. — Ils

vont bien, il ne perd pas de temps, l'ami Gérald.

Chasteley. — Oh! devant la galerie il a de l'assiette.

Madame Baringhel. — Mais se démonte dans le tête-à-tête?

Chasteley. — On le dit.

Madame Baringhel. — Il fait œuvre de ses dix doigts, cependant.

Chasteley. — Oui, il s'occupe, mais un moment vient où le doigt ne suffit plus.

Madame Baringhel. — Horrible, horrible, taisez-vous, d'ailleurs ils descendent.

Descend Mme de Panama, toute rouge, les yeux noyés, reconnaissante. Restacourt l'aide à se déplacer.

Madame de Panama, *bas à Mme Baringhel*. — Oh! ma chère, il est irrésistible.

Madame Baringhel, *froidement*. — Où en êtes-vous?

X

DÉPART

Chez Mme Baringhel; dans le cabinet de toilette au milieu d'un encombrement de malles, de paniers d'osier et de valises de toutes formes et de toutes dimensions, Mme Baringhel est assise, comme effondrée, sur un des grands divans de la pièce, elle est en robe de chambre de foulard blanc très simple. La pièce immense et haute de plafond est, malgré les persiennes closes excessivement claire; autour de Mme Baringhel sont groupées, les unes sur son divan, les autres sur des chaises volantes, la comtesse des Audraies, la marquise de Malpertuis, Marthe Sparre et Simonne d'Héfleurons. Julie, la première femme de chambre, s'occupe à ranger sur une table l'intérieur d'un nécessaire de voyage, comme si ces dames n'étaient pas là; on entend à côté des ouvriers qui clouent et qui frappent.

Madame Baringhel. — Eh! parce qu'il le faut, il y a déjà vingt jours que je devrais être à Momigny.

Marthe Sparre. — Et M. Baringhel vous réclame?

Madame Baringhel. — Ah! s'il me réclamait, j'aurais le droit de rester; mais, voilà, il me laisse libre, entièrement libre, et quand on m'abandonne à moi-même, ça ne rate pas, j'écoute aussitôt la voix de ma conscience.

MARTHE SPARRE. — Et la conscience a parlé ?

MADAME BARINGHEL. — Ah ! tenez, j'en pleurerais ; ne restons pas ici, la vue de ces malles, de ces préparatifs... passons dans ma chambre...

COMTESSE DES AUDRAIES. — Les ouvriers y sont, ma chère, on démonte votre lit.

MADAME BARINGHEL. — Et cette maison au pillage ! (*D'une voix plaintive.*) Vous avez raison, mes amies, il faut que je parte ; m'accompagnez-vous au moins à la gare ?

MARTHE SPARRE. — A la gare ? A quelle heure votre train ?

MADAME BARINGHEL. — Je vous emmène toutes dîner, mon train est à neuf heures trente.

SIMONNE D'HÉFLEURONS. — C'est que...

MADAME BARINGHEL. — Vous n'êtes pas libre ?

SIMONNE D'HÉFLEURONS. — Je dîne à Armenonville, ce soir.

MADAME BARINGHEL, *avec désespoir*. — Armenonville, un dîner organisé où on va encore rire comme des fous, j'en suis sûre.

SIMONNE D'HÉFLEURONS. — Je ne crois pas, c'est organisé par les des Grenaudes avec les d'Enervon et les des Fastes.

MADAME BARINGHEL, *à la comtesse des Audraies*. — Et vous, ma chère, vous dînez avec moi ?

Comtesse des Audraies. — Désolée, mais Smokel nous traite ce soir, et nous conduit à l'Horloge.

Madame Baringhel, *exaspérée*. — Voir Yvette l'inimitable Yvette, et son « SI TU SAVAIS, MA CHÈRE », elle est étourdissante cette année, et moi qui ne l'ai entendue que deux fois et qui m'en vais.

Comtesse des Audraies. — Vous la reverrez à la rentrée.

Madame Baringhel. — A la rentrée, vous me la baillez belle ; je reste à Momigny jusqu'à la fin novembre et l'on m'emmène à Cannes jusqu'à la mi-avril et puis on peut décéder d'ici là ; songez, elle n'est pas invulnérable, cette demoiselle, et moi avec mes bronches, et puis, tenez, vous me faites dire des bêtises.(*S'adressant à Marthe Sparre et à Mme de Malpertuis.*) Vous me restez au moins, vous, mes chéries. (*Ces dames ne répondent pas.*) Comment, vous m'abandonnez, vous aussi ! personne pour me reconduire ; on dîne si bien à la Tour d'Argent et je vous aurais offert un petit gueuleton d'adieu. (*Elle fait le geste d'envoyer un baiser.*) Mais non, madame dîne à Armenonville en joyeuse compagnie, l'autre va aux Ambassadeurs, toute une soirée de flirt. (*A la comtesse des Audraies qui proteste.*) Ne vous défendez pas, ma chère, on sait que Smokel... Oh ! mais à propos de flirt, vous savez que Mme de Panama pleure toutes les larmes de son corps. M. de Restacourt a fui, l'irrésistible, l'adoré, le suave Gérald de Restacourt ; il est parti pour le Mont-Dore hier et la pauvre chérie s'était fait ordonner Aix, il y a quinze jours, avant la fatale rencontre. Ah ! j'ai bien ri avec Chasteley de leur manège lundi dernier à la fête de Neuilly. (*Eclatant en sanglots.*) Ah ! la fête de Neuilly, les dîners au Bois le soir avec ou sans Tziganes, les soirées à l'Horloge ou aux Ambassadeurs, Bruant, Yvette Guilbert et les garden-parties dans les îles de la Seine avec ou sans BACHELORS, et l'on veut que je ne regrette pas Paris, mais je n'ai pas assez d'yeux pour le pleurer, ce délicieux Paris d'été ! On nous l'envie même à Londres. (*S'adressant à Marthe Sparre et à M*ᵐᵉ *de Malpertuis.*) Vous ne m'avez toujours pas dit ce que vous faites ce soir.

MARTHE SPARRE ET MADAME DE MALPERTUIS, *après s'être consultées.* — Nous nous débauchons, nous sommes veuves et nous dînons à la tour Eiffel, nous prenons Lucy Tenner en sortant d'ici chez Roussel ; êtes-vous des nôtres ?

MADAME BARINGHEL. — Des vôtres ?

MARTHE SPARRE. — Oui, il y a un théâtre là-haut maintenant, la Bodinière.

MADAME DE MALPERTUIS. — Où l'on donne une revue, paraît-il, extraordinaire ; c'est désopilant, il y a un couplet chanté par Pierre Loti.

MADAME BARINGHEL. — Par Pierre Loti, et je quitterais Paris sans avoir vu cela ! Mais vous me plumez l'âme.

MARTHE SPARRE. — Et ça s'appelle *Paris en l'air*.

TOUTES CES DAMES. — Paris en l'air ?

La comtesse des Audraies, *à Simonne d'Héfleurons.* — Il faut y aller demain.

Madame Baringhel. — Paris en l'air, je ne pars plus. (*Appelant sa femme de chambre.*) Julie, vite, l'*Indicateur* ; il doit bien y avoir un train de nuit. Me reste-t-il au moins une robe à mettre et un chapeau présentable ?

XI

DERNIÈRE FÊTE

Onze heures du soir, décor connu, air *idem*..., relents de friture, d'héliotrope blanc et d'humanité malpropre, charivari énorme, femmes élégantes et voyous du monde et d'ailleurs, beaucoup de soldats permissionnaires de Courbevoie et de Saint-Cloud attroupés devant les jeux de massacre : dans la foule, coudoyant nos plus belles impures, des pierreuses en cheveux du Bois de Boulogne et des *fortifes* accompagnées de messieurs leurs souteneurs : la fête bat son plein.
Mme Baringhel, la marquise de Malpertuis et Marthe Sparre ; le marquis de Malpertuis, Chasteley, Smokel et d'Eparvin, en tenue supra-élégante ; tout ce beau monde sort du Cirque.

Madame Baringhel. — Vous direz tout ce que vous voudrez, j'aime cent fois mieux ça que leur pantomime et ces demoiselles maquillées en corbeille dans les loges. Au moins ici ça grouille, ça vit...

Chasteley. — Et ça sent fort.

Madame Baringhel. — Il est certain que beaucoup de ces braves gens n'ont pas fait tub ce soir avant de se mettre à table, mais pour une fois, en passant, cette grossièreté ne me déplaît pas.

M. de Malpertuis. — Au contraire...

Madame Baringhel. — Au contraire est de trop..., mais j'ai fait deux fois le voyage de Palestine et je connais l'Orient..., rien ne me fait plus peur.

Smokel. — Rien. (*Bas à d'Eparvin.*) Elle a de la tête.

D'Eparvin. — Extraordinaire pour une sensuelle.

Smokel. — Oh! sensuelle... à faire rougir une clématite mauve, mais le joli est qu'elle ne marche pas.

D'Eparvin. — Parole!

Smokel. — Demandez-le plutôt à Chasteley, il en est pour sa courte honte.

Madame Baringhel, *qui les a entendus.* — Courte est de trop, ne vous gênez donc pas. (*A voix haute.*) Tiens, Mme de Panama avec d'Héquivoch. Restacourt est déjà remplacé, ça ne chôme pas... Elle a ce qu'on peut appeler la main heureuse. (*Abordant Mme de Panama.*) Vous y couchez donc à cette bienheureuse fête? (*Les deux groupes s'abordent, saluts et congratulations.*)

Madame de Panama. — Comment! vous n'êtes pas partie? Je vous croyais faisant la joie de l'Angoumois.

Madame Baringhel. — Que voulez-vous! au dernier moment ces dames m'ont retenue. (*Elle désigne la marquise de Malpertuis et Marthe Sparre.*) Mais c'est pour demain.

Tout le groupe. — Oh! oh!

Madame Baringhel. — J'entends la messe dimanche à Momigny. M. Baringhel a, le soir, un dîner de trente-cinq couverts au château : le préfet, l'archevêque, tout le département.

Smokel. — Ces bonnes élections au conseil général.

Madame Baringhel. — Vous l'avez dit. (*S'adressant au groupe.*) Mais nous ne sommes pas venus ici tenir un bureau d'esprit. Si nous entrions quelque part ? Je voudrais bien voir quelque chose.

Toutes les femmes, *en chœur*. — Oui, entrons quelque part.

Smokel. — Voulez-vous Marseille ? En ce cas il faut retourner sur nos pas.

Madame de Panama. — Ah! non, pas Marseille, j'en sors... Assez de lutteurs, M. d'Héquivoch ne les quitte pas ; il m'a forcée à avaler trois séances.

Smokel, *à d'Héquivoch*. — Comment, mon cher, vous en êtes encore là... Il faut vous soigner, mon ami.

D'Héquivoch se défend, la conversation devient générale ; dans la confusion des langues se saisit ce lambeau de phrase de Mme de Malpertuis.

Madame de Malpertuis. — Oui, ma chère, toute une chasse au renard tatouée sur le corps ; le chasseur, les chiens, tout cela se roule et se déroule autour des reins, des épaules, des hanches, et vous dire où se tapit le renard, non, cela est impossible... On n'en voit plus que la queue et je vous donne en mille où se trouve l'étrange terrier.

Madame Baringhel. — Mais qui est-ce qui est tatoué ainsi ? Il doit faire de l'or, cet homme. Il est dans la fête ? Où le voit-on ? Allons-y..

Smokel. — Mais c'est de Pierre Loti qu'il s'agit, n'est-ce pas, d'Héquivoch.

La révélation jette un froid, la conversation tombe d'elle-même.

Madame Baringhel, *gênée*. — Tiens, si nous entrions là, aux tableaux vivants ? Ça s'appelle ?

Chasteley. — Volpette.

Marthe Sparre. — Comme un conte d'Armand Silvestre.

Smokel. — Nous entrons aux tableaux vivants ?

Madame Baringhel. — Consultons l'affiche. (*Elle lit.*) L'Enfant prodigue et les filles de Cythère, Ulysse dans la grotte de Calypso, Joseph et Mme Putiphar, bien fâcheux exemple, mais M. de Restacourt n'est pas là, ça n'a pas d'importance. (*Relisant.*) Le crime de la rue du Temple, l'assassinat de la baronne Dellard, par Anastay... Oh ! non, pas ça, par exemple... J'aurais le cauchemar toute la nuit.

Les autres femmes. — Oh ! non, pas ça. Il n'y a donc pas de somnambule à cette fête ?

Smokel. — Jules Simon les a supprimées.

Madame de Panama. — Comme les plumes de paon ; oh ! ce siècle est d'un gai !

Madame Baringhel, *avisant un attroupement formé autour de trois chanteurs ambulants*. — Qu'est-ce que cela ? écoutons donc.

Les chanteurs, *chantant*. —

> J'reviens d'une noce aux Batignolles,
> Ah! mince, que c'était rigolo,

Madame Baringhel. — Mais c'est charmant! (*Toute la société s'arrête.*)

Les chanteurs et la foule, *reprenant le refrain en chœur* :

> Le cousin Jean l'avait trop grand,
> Celui qu'est sourd, l'avait trop court,
> La belle-mère l'avait en l'air,
> Son mari l'avait trop petit,
> La mariée l'avait retroussé,
> Et son époux, le pauvre époux,
> N'avait pas de nez du tout.

Madame Baringhel. — Ah! c'est délicieux, donnez-moi vite cette chanson. Combien? (*Elle se précipite sur les chanteurs.*) Nous l'enverrons à Restacourt. (*Elle achète l'objet, tout le monde l'imite.*)

XII

AUTOUR DE LEUR PROCÈS

Vers quatre heures et demie pendant l'affaire passionnelle à sensation de la cession, au café du Palais.
Entre affreusement pâle, soutenue par Chasteley et d'Héquivoch, la belle M⁽ᵐᵉ⁾ Baringhel; tenue supra-élégante de cour d'assises, veste Figaro à manches Coligny de gaze noire sur corsage très échancré de foulard vert-tige brodé de jais, haute ceinture de surah vert-tige et jupe plate sur le devant et très longue derrière, et soie écossaise à carreaux vert sombre, gris cendre et noir.
D'Héquivoch et Chasteley installent à une table du café la belle M⁽ᵐᵉ⁾ Baringhel, qui se soutient à peine.

D'Héquivoch. — Êtes-vous mieux ?

Madame Baringhel, *d'une voix défaillante.* — Oui, un peu mieux, merci. (*A Chasteley.*) Vous, mon petit Chasteley, je vous en prie, courez vite chez un pharmacien me chercher un peu d'éther.

Chasteley. — Mais puisque c'est l'éther qui vous a fait mal.

Madame Baringhel, *de plus en plus défaillante.* — Chasteley, je vous en prie, de l'éther ! cela seul pourra me..... (*Presque à l'agonie.*) De l'éther !...

Chasteley sort précipitamment avec un grand geste ; d'Héquivoch demeure auprès de Mme Baringhel, qui tourne de l'œil, de plus en plus blême... Silence et malaise. Rentrée précipitée de Chasteley, un flacon d'éther à la main.

MADAME BARINGHEL, *se levant*. — Enfin ! (*Elle s'empare du flacon, vide la moitié sur son mouchoir et se l'applique sur le nez et les lèvres.*) Ça va mieux. Chasteley, mon ami, demandez un peu de gomme au garçon.

CHASTELEY. — Garçon, une gomme !

La gomme servie, Mme Baringhel verse dedans le reste du flacon d'éther et le vide. Stupeur des deux hommes.

MADAME BARINGHEL, *tout à coup souriante et rose*. — C'est fini, je vais tout à fait bien, maintenant.

D'HÉQUIVOCH. — Vous nous avez fait une peur.

MADAME BARINGHEL. — Mais aussi songez quel supplice... cette dame à dix places de moi maniant ce flacon d'éther depuis onze heures du matin et il en est quatre maintenant, moi qui l'adore, qui ai failli en mourir et qui suis parvenue presque à me guérir... mais je devenais folle, c'était le supplice de Tantale, j'ai vu le moment où j'allais me lever et lui arracher son flacon des mains... Moi que l'odeur de la neige rend presque malade, songez ce que j'ai souffert pendant ces cinq heures.

CHASTELEY. — Et puis il y a aujourd'hui de l'orage dans l'air.

MADAME BARINGHEL. — Vous ne savez pas ce que vous dites ; il y avait simplement une odeur d'éther dans la salle... moi, ça me suffit et voilà.

D'HÉQUIVOCH. — Et puis, l'émotion, avouez-le, la petite angoisse de l'interrogatoire, la tension d'esprit pour la sympathique accusée.

MADAME BARINGHEL. — Sympathique, rayez cela de vos papiers, personne ne m'intéresse moins qu'elle au monde : elle n'a pas eu un cri, une larme partant vraiment du cœur ; elle a débité cela froidement, en soignant les intonations, comme un rôle ; *héroïne sans grandeur*, le ministère public a dit le mot juste, et puis quel monde... Où ça se passe-t-il, pas même au Théâtre-Libre, ce serait mieux réglé... C'est du mauvais Sardou, tout le temps les *Pattes de Mouche*, ces lettres qui traînent, cette facture qu'on trouve... c'est une vraie déception... Et dire que je suis restée à Paris pour ça. Oh ! c'est un joli raté.

CHASTELEY. — Elle a eu un beau regard pour son mari.

MADAME BARINGHEL. — L'homme aimé ; il ressemble à Franconi. Le ministère public l'a étreinté, pourquoi ? Que vouliez-vous qu'il fît, cet homme !

D'HÉQUIVOCH. — Alors, vous êtes pour Mme Lassimonne.

MADAME BARINGHEL. — Absolument, on a parlé d'amour de peau, comme s'il y avait un autre amour que celui-là ; l'amour en buste, alors, l'amour des impuissants ou des pauvres..... Avez-vous lu les lettres de la victime... Ah! c'est là dedans qu'il y avait de la peau, de la chair, du sexe... tout ce que vous voudrez, mais, en somme, tout ce qui fait l'amour!

CHASTELEY. — Ce sera même là le grand argument de la défense.

MADAME BARINGHEL. — Parbleu, est-ce que dans les douze magots, qui siègent au jury, il y a un seul homme tourné et bâti pour comprendre l'amour...! Vous avez vu ce jeu de massacre.

D'HÉQUIVOCH. — Pourtant, Henry de Bornier...

MADAME BARINGHEL. — Et Marcel Prévost et ses lettres de femme... Pour moi, là dedans, il n'y avait que deux hommes capables de tirer la chose au clair, Séverine et Décori... et Séverine est journaliste et Décori est la défense ; ils ne diront rien... D'ailleurs, elle sera acquittée...

CHASTELEY. — Et vous la trouvez jolie?

MADAME BARINGHEL. — Pas même, boulotte, un faux air de Mme Clovis Hugues, une petite statue de la République, de celles que vendront les camelots du 14, après-demain... et puis, tout cela est anormal, imprévu..., cette liaison de deux femmes ne vous paraît pas louche. . . . .

Mais elle sera acquittée. Décori en a bien sauvé d'autres... Mon petit Chasteley, soyez gentil, allez me chercher encore un peu d'éther... Je vous promets d'être sage et gentille, tenez, je vous en donnerai.

MISS ENIGMA

ÉTÉS DE TROUVILLE

I

NOS HOTES

Sur le bateau de Trouville au Havre, départ de la Jetée-Promenade.
Pendant la manœuvre du vapeur pour tourner la Jetée et gagner le large : mer houleuse d'un vert glauque strié d'écume, la côte du Havre a complètement disparu dans les embruns d'un ciel bas et triste. Sur la passerelle Smokel et d'Héloé enveloppés de tartans et chaussés de cuir fauve.

D'Héloé, *abordant Smokel*. — Bonjour... Hein, fichu temps, nous allons être secoués... Vous allez passer la journée au Havre ?

Smokel. — La journée !... Non, je pars... Seulement je prends par Rouen et passerai ma soirée au Star.

D'Héloé. — Vous partez... à la veille de courses... Je vous croyais un enragé.

Smokel. — Moi, pas... J'avais gagné à Caen, j'ai perdu à Cabourg. En somme, comme bourse de jeu, j'en suis resté à la dernière réunion d'Auteuil, ni profits, ni pertes.

D'Héloé. — Alors c'est sans entrain ?

Smokel. — Sans entrain aucun, je vous assure. Je trouve le jeu idiot, les joueurs des filous ou des imbéciles, le monde des filles qui évolue autour, bête à pleurer et si toujours le même...

D'Héloé, *soupirant*. — Oh ça, oui !

Smokel. — J'aime mieux m'en aller.

D'Héloé. — Je vous croyais ici pour jusqu'au 28. La dernière fois que je vous ai vu sur les planches, vous m'avez dit...

Smokel. — Et les planches, parlons-en de leurs planches... Toutes les rues de Cléry, des Jeûneurs et du Sentier, commissions en gros, passementerie et broderies du Ghetto, échouées là derrière un rang de cabines et fraternisant avec tout le boulevard, l'affreux boulevard de l'heure de l'absinthe, et moi qui, à Paris, fais un détour pour ne pas y passer sur le boulevard... vous jugez si je regrette !...

D'Héloé. — Je vois que la grande semaine vous enchante. Moi aussi, d'ailleurs, je pars.

Smokel. — Ah bah ? pour tout de bon ?... Je vous croyais installé chez les d'Enervon pour un mois !

D'Héloé. — Oui, j'y serais demeuré dix jours et encore, j'emporte une maladie de nerfs.

Smokel. — Le fait est que la vie en commun à la mer... Leur propriété est pourtant bien jolie ; c'est à Hennequeville, n'est-ce pas ?

D'Héloé. — Oui, à côté de la maison des Letellier. Il faut une demi-heure à pied pour descendre à

Trouville et une heure et demie pour y remonter, et comme on n'attelle qu'une fois par jour, pour Madame, à moins de se constituer son garde du corps... Aussi, pour les soirs où je descendais au cercle, j'avais pris une chambre à l'hôtel de Paris. C'est cette chambre-là qui a tout gâté.

Smokel. — Contez-moi cela.

D'Héloé. — Et vous, contez-moi donc pourquoi...

Smokel. — J'ai quitté les *Dahlias* et mon bon ami Jacques ?... Oh ! mon cher, tout simplement à cause de Madame aussi, Madame de la main gauche, entendons-nous.

D'Héloé. — Cette grande brune musclée qui conduit un buggy et qu'on rencontre le matin montant en selle anglaise sur la route de Villers.

Smokel. — Vous avez de la chance si vous l'y avez rencontrée ; elle se lève régulièrement tous les jours à onze heures.

D'Héloé. — J'ai pourtant parfaitement reconnu les chevaux d'Hennuymont.

Smokel. — Oui, une grande brune, mais ce n'est pas la princesse régnante, c'est une amie de la maîtresse de Jacques, une ancienne à Jacques, d'ailleurs, et qui est descendue aussi aux *Dahlias*... Ah ! mon pauvre ami, quelle maison ! d'abord tenue comme une écurie !...

D'Héloé. — Avec deux cent mille francs de rente.

Smokel. — Et une écurie d'auberge..., celles de Jacques, à Paris, sont de vrais salons, mais depuis que ces deux femelles sont installées à la villa, c'est un gâchis, un désordre, un pillage ; toute la livrée aux ordres de ces dames et se souciant des autres invités comme d'un tas de chiffons, les chambres pas faites à quatre heures du soir, impossible d'obtenir une paire de chaussures, plus d'heures de repas, de la poussière dans tous les coins et le chenil lâché à travers la maison (ces dames adorent les chiens et les puces), car il y en a, des puces... Je suis à l'insecticide Vicat depuis mon arrivée, à l'insecticide la nuit, et le jour aux bains de son.

D'Héloé. — Charmant... Et vous retournez ?

Smokel. — A Paris, tout simplement... J'attends le bon à tirer de mon médecin pour partir à Luchon.

D'Héloé. — Des granulations ?

Smokel. — Oui, les fatales granulations

D'Héloé. — Que vous êtes venu soigner à la mer... Vous savez que c'est tout ce qu'il y a de plus mauvais.

Smokel. — Je le crois. Et vous ? dans quel château allez-vous exiler le plus démantelé... non, le plus demandé des poètes ?

D'Héloé. — Le plus démantelé, vous avez bien dit. Moi, dans aucun, je fais une fausse sortie... Je vais tout simplement m'installer à Honfleur, dans une des fermes de la côte... Je ne suis pas comme vous, moi, j'adore ce pays, mais j'ai dit aux d'Enervon que j'allais à Bayreuth.

II

NOS INVITÉS

Villa des Passeroses chez les d'Enervon, à Hennequeville sur la route d'Honfleur... Salon tendu de toiles de Gênes, meubles en bambou et roking-chair, le tout *datant déjà*, rajeuni et rafraîchi par des crépons d'étoffes Liberty jaune citron et vert salade jetés un peu partout; sur les bahuts normands très truqués, cruches de cuivre de Lisieux remplies de houx et d'hortensias en fleurs, tout à côté toute une collection de vieux monstres authentiques et dans l'angle de chaque banc window, un chat de faïence, réminiscence de la villa Persane.
Une large porte vitrée à trois vantaux s'ouvre toute grande sur un merveilleux jardin en pente tout en pelouses gazonnées et en massifs d'arbustes persistants, avec, çà et là, des hampes fleuries de magnifiques roses trémières... Au loin, la mer...
Il est près de huit heures.
Entrent, chacun par une porte différente, M. et Mᵐᵉ d'Enervon.
Mᵐᵉ d'Enervon, trente ans, robe de vieille cretonne écrue dessin *paysanne*, semis de roses vertes et d'œillets bleus à feuillages vieux rouge, coiffée très haut en casque, l'air on ne peut plus de mauvaise humeur.
M. d'Enervon, la quarantaine sonnée, mais encore très bien, smoking fleuri d'un brin de bruyère, pantalon gris cendre, et large ceinture de surah gros vert tendue sur un commencement de ventre.

Monsieur, *gracieusement à Madame*. — Déjà prête !

Madame. — Il le faut bien, quand on est maîtresse de maison... Levée avant les domestiques, la dernière debout... veiller à l'agencement des menus, des journées, amuser autant que faire se peut son monde... Ah ! si vous croyez que c'est une sinécure d'avoir douze invités cette semaine-ci à Trouville !

Monsieur. — Je vous ferai observer, ma chère, que c'est vous qui l'avez voulu et qu'en bonne conscience, rien ne nous forçait à...

Madame. — Rien ne nous forçait... mais vous oubliez que vous dînez toute l'année chez les autres, que vous n'avez pas de chasse à vous, pas de yacht à vous, pas de loge à vous...

Monsieur. — Comment, pas de loge, et notre baignoire à l'Opéra !

Madame. — Oui, le lundi, c'est un jour qui ne compte pas ; et puis, c'est une baignoire, personne ne vous y voit... la belle affaire !

Monsieur. — Et aux Français !

Madame. — Oh ! je vous conseille de parler... une malheureuse loge de quinzaine, et de côté, je ne vois jamais que la moitié des pièces.

Monsieur s'incline en souriant.

Madame. — Et puis, et puis, il y a, qu'à moins de passer pour des pleutres, des rats, des... rien de rien du tout, il faut avoir sa villa pleine cette semaine à

Trouville ; n'avoir pas d'invités cette semaine, mais j'en mourrais de honte... D'abord la princesse en a, la marquise en a, Mme de Morgue en a, Mme Bathivet elle-même en a, enfin toutes en ont...

MONSIEUR. — Et vous en avez, ma chère, et le dessus du panier, je crois.... Mme de Panama, Mme des Fastes, miss Enigma, la professionnelle beauté de ce printemps à Londres.

MADAME. — Non, pas de ce printemps, de l'autre.

MONSIEUR. — Soit, de l'autre... Mme Mosaï-bey, et des toilettes et des élégances, mais les Passeroses font émeute tous les matins sur les planches et coup d'Etat dans la journée sur la pelouse, mais les journaux ne sont remplis que de vous.

MADAME. — De ces dames, peut-être, pas de moi..., car pour ce que je parais sur la plage et dans les tribunes !... D'abord où en prendrais-je le temps ?

MONSIEUR. — Comment ! vous n'accompagnez pas ces dames à Trouville, le matin ?

MADAME. — C'est-à-dire que je vais aux provisions, mon cher monsieur, sans cela comment y arriverai-je... Ah ! si je laissais la cuisinière à son inspiration... Eh bien ! vous en auriez une fin de mois... Vous ne paraissez pas vous douter du tout de ce que peut coûter une maison comme la nôtre par jour !

MONSIEUR. — Je vous demande pardon, je m'en rends, hélas ! parfaitement compte...

Madame. — Est-ce un reproche?... Vous trouvez que je dépense trop?

Monsieur. — Ai-je dit un mot de cela, ma chère?

Madame. — Ah! tenez, vous m'agacez... Brisons là. Elles étaient bien, ces courses?

Monsieur. — Comment, vous n'y étiez pas?

Madame. — Vous oubliez, mon cher, que j'ai ce soir vingt-deux personnes à table.

Monsieur. — Je croyais vous avoir aperçue.

Madame. — Ce sont ces dames que vous avez entrevues, miss Enigma surtout ; elle est on ne peut plus charmante, avouez-le, et vous ne la quittez pas.

Monsieur. — Est-ce moi qui l'ai invitée?

Madame. — C'est pour elle que vous avez adopté la ceinture vert myrte, amoureuse espérance... Vous avez un peu de ventre pour risquer la ceinture sur le plaston de chemise sans gilet... Quelle heure avez-vous?

Monsieur. — Huit heures.

Madame. — Et personne n'est encore descendu... Ah ça, ils se croient à l'auberge... Il y a dix minutes que le troisième coup est sonné!

Monsieur. — Songez qu'ils ont tous été aux courses ; le temps de rentrer, de se changer...

Madame. — Les hommes aussi, n'est-ce pas?... ce sont vos amis et vous les excusez. Vos amis, savez-vous où ils sont? dans le jardin à faire un tour et à dévaliser mes plates-bandes pour leurs boutonnières, au lieu de me tenir compagnie ; les voilà vos amis ;

oh! tous pareils à vous, polis et élevés... qu'est-ce que je vous disais!

(*Apparaissent, sur le perron, de Lusace, d'Eparvin et d'Anletrin, la cigarette aux lèvres, le smoking fleuri d'hortensias et d'œillets mêlés.*)

III

NOS TRANSFUGES

Au calvaire de Notre-Dame-de-Grâce, côté d'Honfleur haute futaie de chênes séculaires traversée d'allées : les troncs des arbres se profilent sur le bleu infiniment doux, presque gris argenté de l'embouchure de la Seine; à l'horizon trente lieues d'alluvions et de falaises, puis les fumées des neuf bassins du Havre, la pointe de la Hève et la mer.
Des masses de verdures ruissellent, comme précipitées du haut du calvaire, sur la route de Trouville qui luit entre des feuilles à deux cents mètres au pied de la côte. Ciel invraisemblablement pur ; c'est le matin, pas un soupçon de brise, il va encore faire une terrible chaleur.
Miss Enigma, d'Héloé.
Miss Enigma. Robe de mousseline imprimée, grandes tulipes héraldiques jaunes à feuillage vert absinthe traversées d'oiseaux bleus, mousseline esthétique qui, drapée sur elle d'une façon bizarre, comme épinglée à même la femme, lui donne l'air d'un vague Botticelli, large ceinture de velours vert absinthe comme perdue au milieu des plis : les bras et la naissance de la gorge transparaissent nus sous la même étoffe doublée de soie blanche à partir des seins : bas de soie et mitaines noires, chaussures de cuir blanc ; elle est nu-tête avec ses merveilleux cheveux auburn en désordre sur la nuque et les tempes sous une ombrelle de soie vert absinthe; rose et jolie à en rêver, l'aspect troublant d'un ange pervers des Primitifs, elle marche à petits pas, la tête inclinée, le volume de dernières poésies de Swinburne à la main.

D'Héloé, tenue de campagne, complet de flanelle blanche à raies ouvert sur une chemise de foulard noir, ceinturonné de foulard noir à pois, sans cravate : sur la tête un chapeau de paille anglais, une ombrelle grise à la main.

D'Héloé, *apercevant miss Enigma.* — Non, c'est vous... Par quel hasard !

Miss Enigma. — Parce que j'habite ici, tout simplement ; et vous, je vous croyais à Bayreuth ?

D'Héloé. — Une défaite. C'était pour fuir les Passeroses. (*La regardant.*) Mais est-elle assez jolie, vous savez que c'est tout simplement divin et d'un suggestif. O miss ! miss ! vous ne savez pas combien vous me rendez heureux !

Miss Enigma. — Mais si, mon ami, je m'en doute.

D'Héloé. — Surtout dans ce cadre, sous ces grands arbres... Oh ! le décor y est... Ah ! si je savais peindre !

Miss Enigma. — Ce n'est pas absolument nécessaire ; vous me conduirez un de ces jours au Havre, il doit y avoir des photographes et je vous donnerai une photographie.

D'Héloé. — Au Havre... C'est donc sérieux, vous habitez réellement ici ?... Je vous croyais venue en partie avec les d'Enervon et la bande.

Miss Enigma. — Tout ce qu'il y a de plus sérieux,.. Je suis une transfuge, les d'Enervon m'ont mise à la porte.

D'Héloé, *ahuri.* — Vous ont mise à la...

Miss Enigma. — Comme je vous le dis, à la porte ;

et comme je ne pouvais pas aller m'installer seule la semaine des courses à l'hôtel, où tous vos Français insolents m'auraient prise pour une cocotte, je me suis souvenue à temps d'une délicieuse ferme avec verger et vue sur la mer où nous étions venus déjeuner l'année dernière, et je suis installée depuis hier...

D'Héloé. — A l'hôtel de la Renaissance ?

Miss Enigma. — Vous l'avez dit. Mais qu'est-ce qui vous prend, mon ami ?

D'Héloé. — J'ai... j'ai... que je suis inondé, suffoqué de joie... ; l'hôtel de la Renaissance, le verger au bord de la mer avec vue sur la Seine et Tancarville, c'est que j'y suis aussi, à la Renaissance.

Miss Enigma. — Au lieu d'être à Bayreuth, voilà qui va me gâter mon plaisir.

D'Héloé. — Oh ! miss, si vous pouvez dire !

Miss Enigma. — Oh ! je sais ce que je sais... D'abord vous allez me faire la cour, ce qui va me gâter le paysage ; plus moyen de sortir seule par ces campagnes, puisque vous serez toujours sur mes pas, et, enfin, on va dire à Trouville que je suis venue vous rejoindre ; car je vous connais, vous ne pourrez jamais garder pour vous que vous m'avez retrouvée ici. Oh ! ne vous défendez pas... Je parie que demain toutes les Passeroses sauront que nous sommes ensemble, ne serait-ce que pour faire verdir un peu sur tige la jaunisse chronique de notre aimable hôtesse, Mᵐᵉ d'Enervon.

D'Héloé. — Et ça vous contrarierait tant que cela, qu'elle verdît un peu sur tige, la chère châtelaine des Passeroses ?

Miss Enigma. — Oh ! moi, pas du tout... vous pouvez y aller ; d'ailleurs ne se compromet pas qui veut, mon cher poète, et vous n'êtes, voyons que je vous regarde, ni assez beau, ni assez riche encore pour me compromettre. (*Elle rit.*)

D'Héloé. — Merci du compliment, alors vous permettez...

Miss Enigma. — Mais comment donc ! nous allons rentrer à la ferme ensemble et je vais même vous donner de mon papier à lettre, celui à devise — *Ardens-Angor*... C'est à de Lusace et à d'Anletrin que vous allez annoncer la chose.

D'Héloé. — Au deux. — Non, mieux, une idée. Si nous allions ensemble, samedi soir, à l'Eden, à la représentation d'Yvette Guilbert, voyez-vous la tête de la d'Enervon et de toute la bande ?

Miss Enigma. — Ensemble à Trouville, mon cher ami, vous devenez fou !

D'Héloé. — Ç'aurait pourtant été drôle. Au fait, pourquoi vous a-t-on priée de... Vous n'avez pas pris de chambre à l'hôtel de Paris, vous, je pense ?

Miss Enigma. — Moi... Oh ! on ne me l'a pas dit deux fois. Pour un malheureux tour en yatch, un yatch où la dame de céans n'a pas ses entrées. N'at-elle pas eu l'aplomb de me dire que son mari me faisait la cour !

D'Héloé. — Il y avait du vrai !

Miss Enigma. — Mais je ne permets à personne de me dire des choses vraies. Alors je suis partie illico. (*Le regardant dans le blanc des yeux !*) A l'Eden ensemble samedi soir, ce serait pourtant drôle!

IV

LE DÉFILÉ

A la représentation de gala de l'Eden-Trouvillais, la veille du grand prix, vers neuf heures, pendant qu'une quelconque en robe vert pâle et gants noirs imite vainement les Yvette Guilbert ; salle comble aux secondes, deux loges sont à peine occupées, et çà et là quelques fauteuils d'orchestre.
Mme des Fastes et Mme de Panama, accompagnées de de Lusace et de des Fastes, font leur entrée et s'installent au troisième rang des fauteuils.

Madame des Fastes. — Tiens ! c'est gentil, cette attention d'un écran avec fleurs. (*Elle prend l'écran japonais et le bouquet posé devant elle.*)

De Lusace. — Une attention de l'administration pour les invités de la Princesse.

Madame de Panama. — Alors c'est pour ce soir, le défilé !

De Lusace. — Vous savez bien qu'on ne vient que pour ça, les trois premiers rangs sont loués pour la villa Persane, une bagatelle de trente louis ; (*regardant avec sa lorgnette*) pas encore grand monde, hein ? (*Avisant le prince B...*) Tiens ! le prince qui surveille sa salle.

Madame des Fastes. — Le prince qui ?

De Lusace. — Mais le mari de la débutante, c'est quinze cents francs que rapporte le déplacement de Madame.

Madame de Panama *avisant l'entrée à pas pesant des deux plus grosses masses littéraires de cette fin de siècle.* — Mais ce sont les deux magots.

De Lusace — Eh bien, vous en auriez un joli écho dans le *Figaro*, s'ils vous entendaient ; voilà ce qui achèverait de nous mettre bien avec nos hôtes déjà furieux des indiscrétions de l'*Echo*.

Madame de Panama, *derrière son éventail*. — Mais qui est-ce donc ?

De Lusace lui chuchote tout bas deux noms.

Madame de Panama. — Comment, lui !

De Lusace. — Ce qui vous prouve l'intelligence de l'éléphant ; vous avez assez souvent applaudi ses pièces.

Madame de Panama. — Et ce grand maigre élancé qui les salue ?

De Lusace lui marmotte un autre nom.

Madame de Panama. — Le chroniqueur, pas possible, mais il est fort bien.

De Lusace. — Cela leur arrive quelquefois, même dans le journalisme.

D'Eparvin et Mme Mosaï-Bey font leur entrée accompagnés de M. d'Enervon; entrée à sensation vu les quarante mille francs de perles aux oreilles et le profil germano-biblique de la belle Mme Mosaï.

De Lusace, *bas à Mme des Fastes*. — Elle ne s'est pas fait trop attendre ce soir et ces deux sourcils sont presque pareils, nous avons de la chance.

Les nouveaux venus s'installent à côté du premier groupe, serrements de mains, salamalecs et bruissements d'étoffes.

Madame des Fastes, *à d'Enervon*. — Et cette chère Anatolie, elle ne vient donc pas?

D'Enervon hausse les épaules d'un air découragé.

De Lusace, *bas à Mme des Fastes*. — Suites de l'absence de d'Anletrin, ce soir, au dîner. Oh, notre chère hôtesse n'admet pas qu'on s'évapore aux heures des repas; c'est la villa des jetons de présence, d'ailleurs elle a aussi bien fait de ne pas venir, pour ce qu'elle aurait vu ce soir.

Madame des Fastes. — Il y a donc un mystère. Qu'aurait-elle vu?

De Lusace. — Patience, vous allez voir, quand elle saura où a dîné d'Anletrin, en voilà un qui pourra boucler valise.

Les places s'emplissent et le défilé des beautés commence, la conversation devient générale.

— Eh! cette jolie femme en mauve! Vous savez qui c'est? — Mme N... — La femme du bookmaker!

Mais elle a pour cinquante mille francs de bijoux au cou et aux oreilles ? Regardez donc cette autre tout en peluche vieux rose, qui en a tout autant, c'est la femme d'un entraîneur ? — Ah ! on peut le dire, Deauville est la Babylone du sport. — Vous, aimez-vous beaucoup le velours en été ? — Je n'en suis pas folle. — En fait-elle un potin ce soir. — Mademoiselle, je crois, a bu trop de champagne. — Une belle fille ! n'est-ce pas ? pas de race, mais de la chair. — Oui, mon cher, il met tous les soirs cinquante mille francs en banque et il les gagne... — Ou il les vole, car il n'a pas le sou. — Naturellement. — On parle, à la rentrée, de le rayer du salon des Courses. — Bah ! ils y gagnent trop, il a toujours payé ses différences. — Connaissez-vous quelque chose de plus ridicule que cette grosse dinde, là dans cette loge, celle qui s'évente. — Parbleu c'est la marquise de Fanhertye..., la fameuse veuve Héronet, la millionnaire du moellon, un des piliers (on peut dire pilier, je crois) du salon de cette chère comtesse. — Ah vous m'en direz tant, entrepreneuse de bâtisse et modiste, c'était fait pour s'entendre. — Et à côté ? — Oh ! cela, la France juive, ma chère, la succession du salon Auferlon, Cathos à Jérusalem, on est installé cette année à la *Bergerie éteinte* et on a loué en même temps tous les invités, c'est le bureau d'esprit et des cancans de la saison. — Et l'homme à barbe qui l'accompagne, où donc ai-je vu cette figure-là. — Mais partout, ma chère, c'est le fond d'avant-scène consacré par la chromo-lithographie, l'homme du monde que vous avez vu dans toutes les œuvres illustrées de Madeleine Lemaire. — Que je suis donc de votre avis, c'est moi qui le trouve aussi trop *pomme* du monde. — Ah ! Paul Hervieu dans *Flirt* en a bien souffert et je sais des mots de lui à en faire fortune. — Oh ! dites-les-moi. — Non, ça brouillerait Vanderhem avec la maison, mon diseur est mort, on croirait que c'est lui. — Ah ! voilà enfin la princesse. — Oh ! tant mieux, voilà qui nous change. — Il n'y a pas à dire, il n'y a qu'elle, ce chapeau est d'une élégance. — Et ce manteau. — Et cette robe, regardez donc les manches, je vous crois que j'aime le velours. — Et à côté ? — Mais c'est Mme de Taurval. — Est-ce que la princesse de Foix est là ? Je ne la vois pas. — Moi, je trouve Mme de Garfond très jolie. — Vous n'avez pas tort. — Oui, mais pas si jolie que le petit de Castellane. — (*Entrée à sensation de miss Enigma tout en tulle gris cendre, manches plissées comme des ailes, avec çà et là brodées des chauves-souris de velours noir, trente mille francs, si elles étaient vraies, de fausses perles roses aux oreilles, d'Anletrin et d'Héloé l'accompagnent.*) — Comment elle n'est pas à Cowes ! — Mais je le croyais à Bayreuth. — Ils sont installés tous les deux à la Côte de Grâce à Honfleur, d'Anletrin les a surpris hier dans la cour de la ferme jouant au Cochonnet ensemble. — C'est avec eux qu'il a dîné ce soir ? — Parfaitement, à l'hôtel de Paris. — Non, c'est trop fort. — Et bien joué, mais Mme d'Énervon en mourra. — Malheureusement non, nous ne l'aurons pas, cette chance.

V

TOUJOURS NOS INVITÉS

Villa des Passeroses, chez les d'Énervon à Hennequeville :
salon déjà décrit, bambous et toiles de Jouy, cruches de
cuivre et étoffes de chez Liberty ; les persiennes sont soigneusement closes ; dehors, les massifs de géraniums et de
roses trémières flambent dans la chaleur intense, il est près
de trois heures.

Mme des Fastes, puis de Lusace. Mme des Fastes est étendue
dans un rocking-chair avec, sur ses genoux, un ouvrage en
point de Hongrie, auquel elle ne touche même pas tant elle
est lasse : robe de mousseline de l'Inde blanche, brodée de
petites ombrelles chinoises en soie roses et vertes, dessous de
soie changeante, veste à reflets roses, large ceinture de moire
blanche.

DE LUSACE, *entre-bâillant une des portes.* — Vous
êtes seule ?

MADAME DES FASTES, *sans se retourner.* — Absolument.

DE LUSACE *referme la porte avec précaution et
entre sur la pointe des pieds.* — Et notre chère
hôtesse ?

MADAME DES FASTES. — Chez elle, je ne sais où, à

méditer l'homélie dont elle accueillera, au retour, le transfuge du déjeuner.

De Lusace. — Et notre hôte ?

Madame des Fastes. — Est-ce que je le sais, n'importe où, à cinq cents mètres de sa femme, c'est là la grande occupation de ses journées. Il y a la scène à faire, lui, c'est la scène à éviter.

De Lusace, *s'asseyant*. — Le fait est que cette chère Anatolie...

Madame des Fastes. — Oui, le fait est qu'elle est un peu coriace, mais avouez que l'apparition samedi soir en plein Eden Trouvillais de miss Enigma, qu'on croyait à Cowes, et cela flanquée de d'Héloé, qu'on croyait à Bayreuth, et de d'Anletrin qui s'était fait excuser...

De Lusace. — En effet, c'était un peu fort de café ; aussi, quelle vie !

Madame des Fastes. — Ah ! oui, nous avons eu un dimanche mouvementé.

De Lusace. — Et le congé de d'Anletrin, hein ? il n'a pas traîné.

Madame des Fastes. — Oui, il a été vite expédié : trois expulsions en moins de vingt jours ; oh ! elle n'y va pas de main morte.

De Lusace. — Trois !

Madame des Fastes. — Comptez plutôt, d'Héloé, Miss Enigma, d'Anletrin, le premier pour avoir découché !

DE LUSACE. — Non !

MADAME DES FASTES. — Parole, il avait pris une chambre à l'hôtel de Paris pour les soirs où il allait au cercle, Miss Enigma pour avoir passé la journée en yacht et d'Anletrin pour avoir dîné samedi dernier au cabaret avec le couple ennemi au lieu de nous tenir compagnie.

DE LUSACE. — C'est à pouffer.

MADAME DES FASTES. — Oui, moi je trouve que ça aide à vivre, ces petites exécutions. Grâce aux foucades d'Anatolie nous aurons eu une saison mouvementée, et Dieu sait qu'on s'ennuie assez généralement à Trouville, aux Passeroses, je veux dire.

DE LUSACE. — Vous y venez pourtant.

MADAME DES FASTES. — Il faut bien y venir. Où irait-on du 10 au 25 août? Vous ne me voyez pas louer, pour dix jours, la villa Montebello ou le chalet Cordier?

DE LUSACE. — Et puis, il n'y a pas à dire, ici la table est bonne.

MADAME DES FASTES. — Frugale, en effet, mais très saine ; vous aimez leurs vins ?

DE LUSACE. — Oh ! moi, dès que je quitte Paris, je me mets partout où je vais au régime lacté.

MADAME DES FASTES. — C'est prudent.

DE LUSACE. — Ah ! leurs vins ne sont pas ?...

MADAME DES FASTES. — Mais si, mais si, c'est très suffisant. Ce n'est ni du Clos-Vougeot ni du Romanée, mais ça se boit très bien, et puis cette chère hôtesse s'occupe vraiment de la cuisine.

De Lusace. — Je crois même qu'elle s'en occupe trop, avez-vous remarqué ce teint enflammé ?

Madame des Fastes. — Et vous croyez que la chaleur des fourneaux... eh bien, non, c'est toute autre chose et qui explique un peu sa terrible humeur, vous le savez bien, du reste.

De Lusace. — Moi ! mais je ne sais rien.

Madame des Fastes. — Comment d'Enervon ne vous a rien dit ? mais il nous a tous avertis ici, la pauvre chère femme, il faut beaucoup lui pardonner, son existence est un véritable martyre, les matinées surtout sont terribles.

De Lusace. — Vous me voyez tout baba.

Madame des Fastes. — Quoi, vous n'y êtes pas encore, mais elle ne peut pas. (*Elle lui chuchote un mot à l'oreille.*)

De Lusace. — Ah bah ! alors ses joues empourprées ?

Madame des Fastes. — La suite obligée de ce feu intérieur, une constipation invétérée dont rien ne vient à bout, incoercible est le mot, et que la moindre contrariété endurcit ; ainsi, depuis dimanche, elle est comme verrouillée.

De Lusace. — Pauvre femme !

Madame des Fastes. — Chut ! je l'entends qui descend l'escalier, vite parlez-moi courses, chevaux, parties du cercle, elle est femme à écouter aux portes, je la connais.

VI

LE BANQUET

Villa des Passeroses, toujours chez les d'Enervon, dans la chambre à coucher de la maîtresse de la maison; vieille perse à dessins violâtres, toilette duchesse, lit à colonne et à baldaquin de vieille soie fanée presque sans couleur; rideaux de cotonnade à carreaux rouges et blancs aux fenêtres ; sur la table, très en désordre encombrée de livres de comptes et de carnets de courses, une grande photographie sortant à moitié d'une enveloppe déchirée.
Mme d'Enervon, en peignoir de surah pâle, arpente la chambre à grands pas, visiblement en proie à une violente agitation ; elle va à la sonnette de la cheminée et en tire si violemment le gland qu'il lui reste dans la main ; une des portes s'ouvre. Entre Julie, la femme de chambre.

Julie. — Madame désire ?

Madame d'Enervon. — Vous y mettez le temps, vite, dites à Monsieur de monter.

Julie. — Madame, je relevais le patron de la robe de Mme Mosaï-Bey.

Madame d'Enervon. — Est-ce qu'on vous demande ce que vous faites ? Envoyez-moi Monsieur de suite

JULIE. — Mais c'est que je ne sais pas où trouver Monsieur.

MADAME D'ENERVON. — C'est ça qui m'est égal ! Il me le faut à l'instant même, vous entendez ! S'il est au Casino, Baptiste ira le chercher au cercle ; allez vite, plus vite que ça !

JULIE. — On y va, on y va ; je crois que ça va chauffer.

Mme d'Enervon restée seule recommence sa furieuse promenade de bête en cage à travers le désordre de la chambre : le parquet en tremble ébranlé.

MADAME D'ENERVON. — Non, c'est trop fort, ça dépasse toutes les bornes, il faut un exemple ! Ayez donc des invités, et cette Miss Enigma, cette fille galante, dire que j'ai reçu ça chez moi, à ma table, et parce que j'ai vu clair dans son manège, que je l'ai balayée comme elle le méritait, voilà tous ces imbéciles qui prennent parti contre moi et lui forment une cour jusqu'à cette oie biblique de Mme Mosaï-Bey ! Ah ! si elle ne se faisait pas habiller chez Pataprouf, celle-là, et si elle ne me laissait pas copier ses robes, comme il y a longtemps que je l'aurais nettoyée !

Une porte s'entre-bâille, qui laisse passer la tête effarouchée de M. d'Enervon.

MONSIEUR D'ENERVON. — Vous m'avez fait demander, mon amie ?

MADAME D'ENERVON. — Oh ! vous voilà, vous, entrez.

Monsieur d'Enervon, *timidement*. — Qu'est-ce qu'il y a encore, mon amie ? vous paraissez agitée.

Madame d'Enervon. — Il y a, il y a que j'en ai assez, que je fais maison nette, que demain à pareille heure toutes les malles seront faites, toutes les valises bouclées. Il y a que demain je ferme la baraque et que je pars chez ma sœur dans le Dauphiné ; à vous de prévenir nos invités. Je ne veux en revoir aucun, et, comme je ne me soucie pas de laisser ma maison au pillage, il faut que demain matin le logis soit vidé.

Monsieur d'Enervon, *ahuri*. — Mais, mon amie...

Madame d'Enervon. — Il n'y a pas d'amie qui tienne. Préférez-vous que je leur signifie leur congé moi-même ? Non, n'est-ce pas, c'est pour cela que je vous en charge, ils iront où ils voudront, à l'hôtel de Paris, comme M. d'Héloé, ou à la côte de Grâce, comme miss Enigma, qui y tient ses assises. Je ne veux plus voir une seule de ces faces de Judas chez moi.

Monsieur d'Enervon. — De Judas ! mais vous devenez folle.

Madame d'Enervon. — Vous croyez ? Faites-moi donc le plaisir de regarder cette photographie.

<small>Elle retire la photographie de l'enveloppe posée sur la table et la lui tend.</small>

Monsieur d'Enervon. — Cette photographie ?

Madame d'Enervon. — Que j'ai reçue tout à

l'heure et recommandée, par le courrier de trois heures, et faites-moi le plaisir de la regarder attentivement, c'est une instantanée, très belle épreuve.

Monsieur d'Enervon. — Très belle, en effet.

Madame d'Enervon, *insistant*. — Epreuve de choix. Connaissez-vous un peu les gens qu'elle représente ! Oh ! prenez tout votre temps.

Monsieur d'Enervon, *assujettissant son lorgnon*. — Mais c'est un groupe de gens en plein air, et de gens que je crois connaître, en effet.

Madame d'Enervon. — Assurément.

Monsieur d'Enervon. — Oui, voici Mme de Panama, Mme Mosaï-Bey. (*A chaque nom Mme d'Enervon incline la tête.*) D'Anletrin, d'Eparvin.

Madame d'Enervon. — Naturellement, Mosaï-Bey, des Fastes, d'Héloé, le poète, et la jolie personne en robe de naïade, qui préside la table, vous la reconnaissez ?

Monsieur d'Enervon. — Mais c'est, c'est...

Madame d'Enervon. — Miss Enigma. On dirait que ce nom vous écorche la bouche, et ce sont tous nos invités réunis autour d'elle dans une cour de ferme que vous devez reconnaître, la ferme-restaurant de la côte de Grâce. Elle est charmante, cette photographie, n'est-ce pas ?

Monsieur d'Enervon, *balbutiant*. — Tout à fait charmante, et je ne vois rien là...

Madame d'Enervon. — Ah ! vous ne voyez rien ?...

Malheureusement elle est datée, leur épreuve de choix, et ce n'est pas pour rien qu'on y a mis la date, lisez plutôt : *Aux Passeroses, la côte de Grâce, souvenir du vingt-cinq août mil huit cent quatre-vingt-douze.* Et le 25 août 1892, c'est-à-dire jeudi dernier, tous nos invités étaient partis déjeuner soi-disant à Villers. Ah ! le bon billet qu'avait La Châtre ; à Villers ! pour moi ; en réalité, autour de cette demoiselle, que j'ai priée d'aller faire ailleurs son petit commerce. Ah ! ils se sont bien payé ma tête, mais ils avaient compté sans la petite masque qui les a fait photographier sans qu'ils s'en doutent, les pauvres sots, et m'adresse aujourd'hui la preuve épreuve de leur fidèle amitié. Comprenez-vous pourquoi, maintenant, je veux faire maison nette ?

(M. d'Enervon se laisse tomber accablé dans un fauteuil.)

MADEMOISELLE TENNER

PRINTEMPS DE PARIS

A Paul Hervieu.

I

CONFIDENCES

Un samedi, de cinq à six, dans l'allée des Acacias : les équipages, pour la plupart assez bien attelés, défilent au pas dans le cadre de jeune verdure et de végétation délicatement tendre d'un invraisemblable printemps.
Smokel, d'Anletrin : Smokel, jaquette impeccable de Londres, sur pantalon marron d'Inde ; d'Anletrin, redingote impeccable, idem sur pantalon gris ardoise, chapeaux miroir à se maquiller devant. Ils vont tous deux en sens inverse et se rencontrent à hauteur du *foot ball*.

Smokel. — Elle est bien bonne, et ces dames ?

D'Anletrin. — Quelles dames ?

Smokel. — Mais le trio des déesses, ton bataillon, Marthe Sparre, la comtesse des Audraies, Mme d'Héflerrons. Ne devais-tu pas aller les prendre à l'Hippique, après les flots de rubans ?

D'Anletrin. — Ah ! oui, pour les conduire chez Petit, rue de Sèze.

Smokel. — Inaugurer les Pastellistes.

D'Anletrin. — Les Lhermite, Lagarde et les Besnard inévitablement. Eh bien, tu vois, je suis ici à me rincer l'œil dans ces verts d'Avril parisien ; j'en ai assez déjà de leurs premières.

Smokel. — Et elles avaient arboré de ces costumes pourtant. Ah ! vous auriez fait sensation.

D'Anletrin. — Justement, trop sensation ; je ne suis plus curieux que de celles que je reçois ; celles que je donne, pfutt, c'est trop fatigant.

Smokel. — Oriental, va !

D'Anletrin. — Oh ! se laisser vivre, crois-moi, il n'y a que ça. Ont-elles au moins trouvé quelqu'un pour les mener héberluer les foules à leur exposition.

Smokel. — Quelqu'un, mais cinquante si elles l'avaient voulu ; je les ai quittées avec de Lusace, d'Héloé et d'Enervon.

D'Anletrin. — Appareillées alors ?

Smokel. — Oui, un vrai chapitre de Paul Hervieu, chacune avec son chacun.

D'Anletrin. — Des mondains de salons littéraires, et tu te l'es cassée, toi, mon vieux.

Smokel. — Mon Dieu, oui ! je suis monté comme toi me rincer l'œil. Hein ! quelle délicatesse de tons, quelle tendresse dans les gammes de verts ! c'est ça qui te repose de la verdure en zinc des pays algériens ! Ose donc comparer tes cactus et tes palmiers à ces marronniers en fleurs ?

D'Anletrin. — Et ces poupées de jeu de massacre

aux jolis corps souples et nus des filles aux yeux de gazelles d'El-Kantara ou de Biskra !

Smokel. — Quoi, tu regretterais vraiment?

D'Anletrin. — Je regrette; c'est-à-dire que j'ai la nostalgie et à en pleurer de la ligne du corps humain, qui est en elle-même une chose adorable, exquise et qui, durant trois mois, vient de m'enivrer les yeux sous la gandoura des femmes de là-bas. Où la retrouves-tu ici, toi, la ligne de la femme, sous les modes hideuses de ce printemps dix-huit-cent trente, ces manches à gigot, qui engoncent la femme et suppriment d'emblée la chute de l'épaule, ces corsages où il n'y a plus de taille, tant elle est réduite, et ce juponnage extravagant qui donne aux plus jolies je ne sais quel air en allé et démantibulé de fantoche ; mais j'ai la fièvre de l'œil devant cette cocasserie voulue de l'ajustement, comme si notre haut-de-forme et nos silhouettes à nous ne suffisaient pas à la laideur des foules ! Mais le dernier *chaouch* du port de la Goulette a plus d'allure, sous son burnous troué, que le prince de Sagan lui-même avec son ruban de moire noire en sautoir sur son éternel gilet blanc. Tiens, j'ai croisé tout à l'heure Irma de Bury, Demarsy et miss Bouchon, c'est à peine si je les ai reconnues, tant je les ai trouvées ridicules et vieillies sous leurs collets surchargés de rubans.

Smokel. — Et c'est qu'aussi trois mois d'absence... En trois mois, une femme change, il y a une chose, mon cher, qui vous venge toujours d'une femme, c'est le temps ; il suffit d'attendre.

D'Anletrin. — Encore est-ce bien utile ? la mode s'en charge ; regarde plutôt les robes de ce printemps.

II

CHEZ LE COUTURIER

Le salon des modèles, chez le plus lancé de nos grands faiseurs. Des demoiselles dites *mannequins*, choisies excessivement sveltes et entretenues dans cet état par on ne sait quel effroyable régime, évoluent lentement devant de grands miroirs, où surgissent et passent les tailles en fuseaux et les juponnages crinolinés en vogue de ce printemps; sur ces anatomies *ad hoc* la mode paraît presque acceptable, mais leur pâleur fait mal à voir et avec leurs yeux aux cernures profondes, leurs pauvres petits visages exsangues on dirait des mortes lasses, lasses d'être ressuscitées et de revivre encore quand il fait si bon dormir dans la tombe. Posées çà et là sur des meubles, des pièces d'étoffes où dominent les lainages et les velours ombrés; dans les angles, apartés de vendeuses et de clientes; il est près de cinq heures. Sur un pouff, assises en train de grignoter un biscuit trempé dans du Porto, Lucy Tenner et la marquise de Malpertuis; elles regardent manœuvrer devant elles une des demoiselles-mannequins, affublée d'une invraisemblable robe rouge couverte de volants de velours noir.

Marquise de Malpertuis. — Et cela t'irait assez, Lucy.

Lucy Tenner. — A moi ! tu me voudrais voir dans cette horreur !

Marquise de Malpertuis. — Tu as beau dire, les manches ont de la grâce.

Lucy Tenner. — Parlons-en, c'est une robe pour portrait de Jacques Blanche et à envoyer après à l'exposition de la femme du siècle ; il faut s'appeler Rosalinde, Adélaïde ou tout au moins Eglé pour arborer de pareils costumes. Moi, dussé-je être huée, j'en demeure aux complets de serge bleue et aux jaquettes de drap à empiècement de guipures de l'année dernière. Ah ! les petits Belbeuf, qu'on a portés trois années de suite, voilà qui était commode et charmant, avoue-le, pour les courses de la journée et les matins du Bois.

Marquise de Malpertuis. — Mais on avait l'air d'une institutrice anglaise.

Lucy Tenner. — Naturellement, il fallait être jolie et toujours habillée de frais, mais qu'est-ce qui porte une robe fanée ?

Marquise de Malpertuis. — Oh ! toi, tu serais jolie avec rien.

Lucy Tenner, *riant*. — Surtout sans rien, n'est-ce pas ? Tiens, Mme Baringhel !

Sort en coup de vent d'un salon d'essayage, la toute folle et toute charmante Mme Baringhel ; elle tombe, effarée, au milieu des deux femmes : brouhaha, papotages, serrements de mains, effusions et joie de la reconnaissance.

— Comment, vous êtes ici ? — Depuis quand ? — Et nous ne savions pas ; oh ! la cachottière ! toujours des mystères. — Ne m'en parlez pas, je suis arrivée lundi, il n'y a pas trois jours, je suis tout étourdie. Tout à remettre en ordre ; un appartement demeuré inhabité, songez, depuis huit mois, et les tapissiers qu'on ne peut obtenir, et toutes les serrures qui ne marchent plus ; je couche à l'hôtel, c'est un vrai moulin, et rien à me mettre : je suis nue, mais nue comme un petit saint Jean.

Lucy Tenner, *souriant*. — Nue comme un plat d'argent.

Madame Baringhel. — Nue comme le discours d'un académicien, et dans un effroi !

Marquise de Malpertuis. — Effroi de quoi, mon Dieu !

Madame Baringhel. — Mais de ces modes, c'est calamiteux. Vous m'en voyez outrée, je ne saurais jamais m'y résoudre, moi.

Lucy Tenner. — Oh ! c'est bien mon avis, je trouve cela hideux.

Madame Baringhel. — Et encore vous êtes mince, vous ! Et c'est ce monstre de Perdi qui a inventé cela, mais il mérite la mort.

Marquise de Malpertuis, *riant*. — Ou tout au moins un blâme.

Madame Baringhel. — C'est une invention d'homme qui a des remords ; il a dû tremper dans le Panama. A propos, cette pauvre Mme...

Lucy Tenner, *mystérieuse*. — Notre bonne amie, Mme de Pann... (*Elle n'achève pas le nom.*) La commission a été bien dure pour eux, lui est à Mazas, elle en Allemagne ; Restacourt s'est dévoué, il l'accompagne.

Madame Baringhel. — C'est un homme plein de délicatesse, malheureusement il s'en tient là.

Lucy Tenner. — Restacourt le bien nommé.

Madame Baringhel. — Faute de Bien-aimé. A ce propos, d'Anletrin est-il de retour ?

Marquise de Malpertuis. — Oui, depuis huit jours.

Madame Baringhel. — Et pas trop Arabe ?

Marquise de Malpertuis. — Ça, nous n'en savons rien. D'Héloé aussi retour de Sicile, Chasteley de Naples, d'Assailly d'Espagne, toute la bande enfin.

Madame Baringhel, *se frappant le front*. — D'Héloé est ici, je décommande ma robe.

Marquise de Malpertuis. — Qu'est-ce qui vous prend ?

Madame Baringhel. — Mais je veux le consulter, il est plein de génie, ce garçon, son petit hôtel est d'un goût... (*Remarquant un mouvement des deux femmes.*) Vous n'êtes jamais allées chez lui ? Oh ! c'est sans danger, c'est un mystique. Hors des ailes, des nimbes et des longues robes rien n'existe pour lui ; d'ailleurs les hommes d'aujourd'hui, Chasteley, Restacourt, d'Eparvin, d'Héquivoch et des Epaves, leurs noms même les jugent.

Lucy Tenner. — Je vous présenterai le capitaine d'Enavan.

Madame Baringhel. — Mais très volontiers ; une connaissance de cet hiver ?

Lucy Tenner. — A prolonger même au printemps. (*S'adressant à la malheureuse mannequin demeurée debout devant elles.*) Inutile de vous fatiguer davantage, mademoiselle, nous reviendrons. (*A la marquise de Malpertuis.*) Demain ou après ?

La Marquise. — Demain. (*Les trois femmes se lèvent et sortent du salon ; on entend dans l'antichambre la voix de M*^{me} *Baringhel :*)

— Maintenant racontez-moi les potins.

III

LE DINER DES VICTIMES

Chez Mme Baringhel, salle à manger en laque rouge de Coromandel, plafond peint par Clairin, vols d'ibis roses à travers les plantes fluviales étoilées de lotus et de larges iris jaunes; service en vieux saxe, nappe de toile de Frise brodée de soie jaune : devant chaque convive une petite bougie à abat-jour de soie ancienne d'un rose mort; aux deux bouts de table, brassées de coucous de prairies et de fleurs de pommiers.

Mme Baringhel, à sa droite le marquis de Malpertuis, à sa gauche M. des Fastes; au hasard des places la comtesse des Audraies, la marquise d'Héfleurons, la marquise de Malpertuis, Marthe Sparre et Mme des Fastes ; côté des hommes, d'Anletrin, Smokel, M. Sparre, Chasteley, d'Héloé, d'Assailly, marquis d'Héfleurons; les sexes sont agréablement mêlés : on en est au chaud-froid de volaille.

Madame Baringhel, *s'adressant aux hommes.* — Détrompez-vous, ce n'est pas du tout pour votre plaisir que je vous ai réunis ; ils vont tous nous donner leur avis. N'est-ce pas, mesdames ?

Toutes les femmes, avec ou sans éventail, font signe que oui.

Madame Baringhel. — C'est une vraie consultation.

D'Anletrin. — Dites un examen. Je ne suis pas préparé, gare aux boules noires.

Madame Baringhel. — S'il vous faut des préparations

Comtesse des Audraies — Mais c'est une concurrence déloyale aux dîners de Mme Auferlon, vous avez oublié la sonnette, très chère.

Marthe Sparre, *pouffant de rire*. — Que pensez-vous de l'inceste ancestral ?

Marquise d'Héfleurons, *de même*. — Que pensez-vous de l'amour des morts ?

Marquise de Malpertuis. — Du caractère de Mme de Trémeur dans le roman de *Peints par eux-mêmes* ?

Marthe Sparre. — Que pensez-vous de l'amitié entre hommes ?

Comtesse des Audraies, *contrefaisant une de nos plus précieuses radicales*. — Moi, je ne sais que répondre ; en venant ici, je ne m'étais préparée que sur l'adultère.

Toute la table éclate de rire.

D'Héloé (*souriant*). — Ah ! vous possédez le répertoire.

Marthe Sparre. — J'ai chez moi la liste des questions, il y a celle à Vanderhem sur les romans de Paul Hervieu, celle sur l'inceste, à Paul Bourget (voyez œuvres de d'Aurévilly), et celle à d'Aurévilly lui-même, sur l'amour des morts, il y a celle enfin sur l'amitié entre hommes, au gros baron qui est une lumière.

Madame Baringhel, *éclatant*. — Il s'agit bien de cela, d'abord les femmes n'ont pas voix au chapitre, ni les maris non plus, je m'adresse aux seuls célibataires.

Le clan des beaux s'incline avec des mines flattées.

Madame Baringhel. — Je veux fonder une ligue contre la mode actuelle, et j'ai compté sur vous, messieurs ; n'est-ce pas que c'est...

Tous les hommes en chœur. — Hideux !

Madame Baringhel. — A la bonne heure. Regardez-moi ces manches, j'ai l'air de ma grand'mère.

Marquis de Malpertuis. — Elle était donc charmante ?

Madame Baringhel. — Ne dites donc pas de bêtises. (*S'adressant au marquis d'Héfleurons.*) Regardez plutôt votre femme, vous ; Simonne a une taille charmante, eh bien ! avec cette berthe, elle paraît bossue, et vous-même, ma chère amie (*elle s'adresse à Madame des Fastes*), vous avez l'air d'une cloche avec votre jupe ballon ; moi, je suis outrée, il faut une réaction.

D'Assailly. — Accordé ; plus de corsage, des ceintures de bébés sur des chemises de tulle illusion.

Madame Baringhel, *vexée*. — Ah çà ! vous vous croyez au corps de garde ?

D'Anletrin. — Puisque les femmes maintenant emmanchent leurs bras dans des culottes de zouaves.

Madame Baringhel, *effarée*. — Vous dites ?

D'Anletrin. — Moi, comme inconvenance, la main de ma sœur dans la poche d'un spahi me semblait suffisant.

Comtesse des Audraies, *suffoquée, à d'Anletrin*. — Depuis votre retour d'Algérie, vous sortez vraiment des choses par trop énormes.

Tout le monde se regarde avec stupeur, silence, la comtesse des Audraies rougit comme une cerise, d'Anletrin sourit complaisamment.

Madame Baringhel. — Mais c'est le dîner de la gaudriole, et moi, messieurs, qui vous croyais sérieux et comptais sur vous pour nous délivrer de ces ajustements.

D'Anletrin, *avec feu*. — A vos ordres.

Madame Baringhel. — Il s'agit bien de cela, voyons, vous, d'Héloé, qui avez autant de goût que M. de Montesquiou, Chasteley, vous, un poète qui êtes plein d'idées, d'Assailly, de trouvailles, et vous, d'Anletrin, qui revenez du pays de la ligne et de la couleur, trouvez-nous des costumes, signalez-nous des modes, fouillez, s'il le faut, les collections d'estampes, mais sauvez-nous, de grâce, de grâce, tirez-nous de cette ornière dix-huit cent trente, où nous a mises cet affreux homme, ce monstre de Perdi qui doit détester les femmes sûrement.

Lucy Tenner, *et les deux marquises en chœur*. — Oh! cela c'est certain, pour avoir été déterrer de pareils modèles, il faut avoir plus que la haine, la rancune et l'envie de la femme.

D'Héloé. — Oh! pour vous enlaidir, il y a réussi pleinement.

Smokel. — C'est une mode de misogyne, je le disais encore hier au cercle.

Madame Baringhel. — Et nous donnons, bon an mal an, vingt-cinq mille francs chacune à ce misérable; mais c'est le bourreau nourri par les victimes.

D'Anletrin. — Mais les bourreaux ne vivent pas autrement.

IV

CRITIQUE D'ART !

Chez Georges Petit, rue de Sèze, à l'exposition des pastellistes : il y a peu de monde, public élégant et discret, stationnant par groupes devant les envois à sensation; beaucoup de visiteurs sont assis sur les divans, en contemplation distraite des passantes et des taches de couleurs ; chuchotements plus animés devant les Forain, les Roll et les Besnard.
La comtesse des Audraies et d'Anletrin ; ils sont arrêtés devant le panneau de Georges Eliot et regardent fréquemment du côté de la porte d'entrée.

COMTESSE DES AUDRAIES. — Vous verrez qu'elle ne viendra pas. Quelle heure est-il ?

D'ANLETRIN, *consultant sa montre (montre sans chaîne, glissée dans le gousset du gilet avec une gourmette apparente de platine sur ruban de* m[...] *noire).* — Cinq heures dix, il n'y a pas de retard.

COMTESSE DES AUDRAIES. — Une demi-heure seulement. Le rendez-vous était de cinq heures moins le quart à cinq heures, devant les Machart, et nous en sommes aux Eliot.

D'Anletrin. — Vingt minutes, elle aura rencontré quelqu'un.

Comtesse des Audraies. — Naturellement à l'Hippique ; quand elle est là, on ne peut plus l'en tirer ; et puis, par cette chaleur, allez donc vous enfermer dans cette boîte à poussière (*elle désigne la salle du bout de son ombrelle*), elle sera montée au Bois tout simplement, et ce que je l'en approuve ! Il n'y a que vous pour avoir l'idée de conduire deux femmes étouffer devant des cadres par cette chaleur sénégalienne.

D'Anletrin. — Mais c'est vous-même qui m'avez demandé...

Comtesse des Audraies. — Parbleu oui, c'est moi-même. Vous avez toujours le talent d'affrioler les gens par un tas de descriptions, les Besnard par-ci, les Forain par-là, et vos Thévenot donc et votre Dannat, l'homme aux cheveux bleus et aux chairs violettes, l'aimez-vous assez, celui-là ; j'ai voulu voir, j'ai vu.

D'Anletrin. — Et ?

Comtesse des Audraies. — Je reste froide.

D'Anletrin. — Avouez que c'est une chance unique, par le temps qu'il fait. Des Audraies est bien heureux.

Comtesse des Audraies. — Dites donc, si vous étiez poli, vous. Depuis votre retour des pays lointains, vous affectez des grands airs dédaigneux, mais qui ne vous vont pas du tout, vous savez ? (*Apercevant la marquise d'Héfleurons à l'entrée de la salle.*) Ah ! Simonne, enfin !

Marquise d'Héfleurons, toilette par hasard exquise, toute en faille de nuance changeante bleu foncé glacé de rose, la jupe tout en petits volants à liserés d'un imperceptible velours noir; sur les épaules un délicieux mantelet de tulle grec à la *vieille*, tout fanfreluché de ruches et de rubans de satin noir; sur ses cheveux blonds un chapeau papillon de dentelle noire; les deux femmes s'abordent.

Comtesse des Audraies. — Pas du tout en retard !

Marquise d'Héfleurons. — Ah ! ne m'en parle pas ! je ne tiens plus debout, la tête m'en tourne : sais-tu combien de temps j'ai attendu chez la couturière ?

Comtesse des Audraies, *l'examinant de bas en haut.* — Ah ! c'est donc cela. Mes compliments, tu sais, ça n'est pas trop laid aujourd'hui.

D'Anletrin. — C'est même la première robe que je vois ce printemps.

Marquise d'Héfleurons. — Deux heures ! j'y suis depuis deux heures de l'après-midi, et ce n'est qu'à trois heures et demie que j'ai pu voir Lamperrière. Il m'a gardée une heure debout devant lui à me faire tourner comme un mannequin, j'ai naturellement manqué l'Hippique et me voilà seulement. (*Cherchant une chaise pour s'asseoir.*) Mais je suis morte.

Comtesse des Audraies, *s'asseyant près d'elle.* — En effet, te voilà toute pâle, ma pauvre chérie.

Marquise d'Héfleurons. — Ah ! c'est bien parce que c'était vous que je suis venue. J'ai cru dans l'escalier que j'allais me trouver mal, et la vérité vraie, maintenant que je suis là, comme vous seriez gentils de continuer tous deux votre promenade.

Comtesse des Audraies. — Et de te faire grâce de l'Exposition, n'est-ce pas ? Oh ! pour ce que tu perds, moi je l'ai assez vue. (*Tapotant le juponnage de la marquise avec son ombrelle.*) Dans les quarante louis, n'est-ce pas ?

Marquise d'Héfleurons. — Cinquante.

D'Anletrin. — Si vous vouliez passer à côté dans la galerie de vente, il y a plus d'air et nous serions seuls, cela vous aiderait à vous remettre, Madame.

Comtesse des Audraies. — Grand merci, je vous vois venir. Vous voulez nous planter devant les envois de votre M. Georges Huet et ses souvenirs de Tunisie, mais nous, qui n'avons que nos impressions personnelles là-dessus, ça ne nous intéresse pas. Assez de peinture pour aujourd'hui, n'est-ce pas, Simonne ?

La marquise d'Héfleurons fait signe que oui et se lève tout étourdie ; d'Anletrin lui offre le bras et nos trois amateurs de peinture se dirigent vers la porte de sortie, rue de Sèze ; d'Anletrin met ces deux dames en voitures.

D'Anletrin, *au cocher*. — Au Bois, n'est-ce pas !

Comtesse des Audraies. — Au Bois, oui, voyons, ranime-toi un peu, Simonne, tu as l'air tout triste.

Marquise d'Héfleurons. — J'aurais tant voulu voir les Forain.

Comtesse des Audraies. — Bah ! je te les raconterai, je sais sur le bout du doigt tous mes pastellistes.

La victoria s'ébranle et d'Anletrin reste seul.

D'ANLETRIN, *sur le trottoir.* — Et dire qu'elles appellent cela : visiter une Exposition.

V

LA VIEILLE COUR

Un vendredi, vers quatre heures.

Rue de Varennes, dans le jardin de l'hôtel d'Héfleurons ; le salon de réception du rez-de-chaussée ouvre ses quatre portes-fenêtres sur un perron de dix degrés excessivement larges, où des rocking-chair et des sièges en bambous sont installés, à l'ombre d'une tente de coutil rayé gris et rose dont les piquets sont fichés à même les plates-bandes du jardin, une innovation de la marquise Simonne d'Héfleurons qui, forcée de recevoir le même jour que sa belle-mère, a, sous prétexte de la chaleur, eu l'idée de cette tente et de ce salon en plein air pour échapper aux somnolences du salon de la marquise douairière.

Sur le perron, à l'ombre de la tente de coutil, la marquise Simonne d'Héfleurons, Mmes Baringhel, d'Assailly et Marthe Sparre.

Dans le salon du plus pur style Empire, meubles en acajou à têtes de sphinx et à griffes de lion, recouverts de satin vert d'eau ramagé de rosaces et de couronnes de laurier d'argent, la marquise-douairière d'Héfleurons et deux vieilles dames.

MARTHE SPARRE. — Alors, cette exposition de la rue de Sèze ?

Simonne d'Héfleurons. — Oh ! bien inutile de se déranger, ma chère ! C'est comme le plus beau dîner du monde, toujours et toujours la même chose pour ne pas changer.

D'Assailly. — Cependant les Forain !

Simonne d'Héfleurons. — Naturellement il y a les Forain. (*S'adressant aux femmes.*) Ne trouvez-vous pas que ça devient énervant, à la longue, ce nom qu'on nous jette perpétuellement dans les jambes... Forain, Forain. Quand les hommes vous ont prononcé ce nom-là, ils croient avoir tout dit.

D'Assailly. — C'est qu'il a tout dit en effet dans ses courtes légendes, et...

Simonne d'Héfleurons. — Oh ! pas de cours d'esthétique et de morale comparée... M. Larroumet nous suffit.

Marthe Sparre. — Moi pas.

D'Assailly prend le parti de se taire dans une attitude découragée.

Madame Baringhel. — Parlez-moi des Dubuffe et des Doucet de cette année. J'adore les modes, moi, je suis une bourgeoise.

Simonne d'Héfleurons. — Duez expose des fleurs bien curieuses.

D'Assailly, *entre ses dents*. — Les roses d'automne de Madeleine Lemaire.

Marthe Sparre, *qui devine une rosserie*. — Vous dites ?

Madame Baringhel. — Et l'homme à la vache, qu'a-t-il envoyé ? (*Silence.*) Oui, le monsieur qui peint avec du plâtre, Roll, je crois, et celui qui fait si bien les fruits, celui dont les études de femme ressemblent à des pêches et des prunes rissolées.

Marthe Sparre. — Besnard.

Madame Baringhel. — Oui, Besnard, qui s'habille comme le prince de Galles... Et Jacques Blanche, à propos, est-ce vrai qu'il a envoyé cette année une suite de scènes de petite fille, comme qui dirait l'histoire de sa poupée ? L'histoire de la poupée de Jacques Blanche, comme ça lui ressemble.

D'Assailly. — Jacques Greenaway, il y a de ça, en effet.

Dans le salon.

La marquise douairière d'Héfleurons. — Enfin, jusqu'ici, je ne peux trop rien dire, elle ne nous a pas encore amené de banquiers.

Une des vieilles dames. — En effet, ma chère, en comptant bien, votre salon est peut-être le seul où l'on puisse penser tout haut sans éveiller de cadavre panamiste.

L'autre vieille dame. — Et vous ne connaissez pas votre bonheur, car Dieu sait s'ils se fourrent partout ; ce sont dans leur genre de vrais cambrioleurs, ils crochètent notre confiance et s'introduisent dans notre intimité avec des pinces-monseigneur.

La marquise douairière d'Héfleurons. — Quand

ils ne font pas nos fils cocus et n'entretiennent pas nos filles !

Première vieille dame. — Nos belles-filles, voulez-vous dire.

Marquise douairière d'Héfleurons. — Et c'est encore pis, elles portent le nom. Enfin, malgré tout ce que j'ai à reprocher à Simonne, je dois lui accorder ceci, elle ne nous a pas encore présenté de baron ; mais en revanche quel choix de connaissances ! voyez plutôt aujourd'hui ; en dehors de d'Assailly qui, lui, est né d'assez bonne noblesse, qui a-t-elle ? Mme Sparre, la femme d'un industriel, une madame Baringhel, des millions d'on ne sait d'où, bardés de fantaisies de cocotte, très honnête, veut-on bien me dire, mais une oseuse, et il paraît que ce mot-là sauve tout ; une oseuse soit, mais dont on n'ose même pas citer le nom ; qui était-elle avant son mariage ? Mlle Camusel, Poireau ou Pincebourde ? Un nom à coucher dehors, j'en tiendrais la gageure, puisque vous l'ignorez, vous, mes deux toutes belles, qui possédez votre faubourg jusqu'à la sixième génération.

Sur le perron des jeunes.

Madame Baringhel, *à Simonne d'Héfleurons.* — Et vous vous êtes laissé conduire chez Georges Petit par cette chaleur ?

Simonne d'Héfleurons. — Suzanne en est folle, elle irait jusqu'au bout du monde avec lui.

Madame Baringhel. — Et que voulait-il vous montrer, ce d'Anletrin? Ce ne sont pas les Abbéma, j'aime à croire.

Simonne d'Héfleurons. — Oh! depuis que je sais qu'elle est la petite-fille de Louis XV et d'un prince hindou, sa peinture me trouble.

Marthe Sparre. — Vraiment. Moi, elle m'a toujours laissée froide.

Madame Baringhel. — Malgré le portrait de Lucy Tenner?

Simonne d'Héfleurons. — Chut! voici Mme de Malpertuis.

Entrent dans le grand salon empire la marquise de Malpertuis, suivie de Lucy Tenner; d'Héloé les accompagne. Saluts de cour et révérences à trois plongeons devant la marquise douairière.

D'Assailly, *un peu levé de son siège pour voir*. — Réglé comme à l'Opéra.

VI

PENDANT LE VERNISSAGE

Une heure de l'après-midi, au pavillon d'Armenonville : grand déjeuner offert par d'Anletrin aux plus jolies femmes de la bande, comtesse des Audraies, marquise d'Héfleurons, Marthe Sparre, Mᵐᵉ de Malpertuis, Lucy Tenner et Mᵐᵉ Baringhel. Côté des hommes : marquis d'Héfleurons, marquis de Malpertuis, MM. Sparre, d'Héloé, Chasteley, d'Assailly et Smokel. Sur la table surtout de cristal de roche débordant d'iris blancs, de tulipes blanches et de narcisses, une attention de d'Héloé ; les garçons ont posé sur une table à côté la corbeille de roses obligatoire, on en est aux œufs brouillés pointes d'asperges ; toutes ces dames sont en toilette de Vernissage.

Madame Baringhel. — Oh ! pour une lumineuse idée ! c'en est une, mon petit d'Anletrin ; nous allons toutes vous aimer pour l'avoir eue ; la bonne inspiration de nous faire déjeuner ici, dans le calme et la fraîcheur.

D'Anletrin. — Alors vous ne regrettez pas d'être montée si haut ?

Madame Baringhel. — Moi ! pour être dans un bain

de verdure, je ferais à pied dix kilomètres, et vous, ma chère ?

Comtesse des Audraies. — Moi, j'avoue que j'ai eu chaud entre le Palais et l'Etoile. Ce n'est qu'avenue de la Grande-Armée que j'ai commencé à respirer.

D'Anletrin. — Et vous m'avez maudit ?

Comtesse des Audraies. — Un peu, mais maintenant c'est pardonné ; on est vraiment très bien, et puis il n'y a personne !

D'Héloé. — Voilà, il n'y a personne, c'est un régal un jour comme celui-ci.

Lucy Tenner. — Nous voyez-vous maintenant chez Ledoyen ?

Smokel. — Ou aux Ambassadeurs !

Chasteley. — Entre Carolus Duran et Mme de Rute !

D'Anletrin. — Louise Abbéma et M. de Blowitz !

Lucy Tenner, *riant*. — Sergent, Valtesse et Mme Munkacsy !

Marquise d'Héfleurons. — Mme Beulé et Mlle du Minil !

Madame Baringhel. — Oh ! pas de compte rendu, nous aurons bien assez d'en lire demain la liste. C'est effrayant comme ça change peu, le Tout-Paris !

Marquise de Malpertuis, *à Marthe Sparre*. — Et vous n'avez rien vu à ce vernissage ?

Marthe Sparre. — Rien, non, si, une jolie robe verte.

Smokel. — Vous m'étonnez.

Marthe Sparre. — Mais si, mais si, une assez singulière étoffe noire toute luisante et semée de feuillages et de fleurs d'un vert jaune, d'un vert de jeune pousse ou de lézard malade, et bouffant juste ce qu'il fallait aux manches ; elle m'a fait songer à la Salomé dansant devant Hérode.

D'Héloé. — Il y a de ça, en effet.

Marthe Sparre. — C'était très moderne et très antique. Miss Enigma avait le secret de ces sortes de robes : un moment j'ai cru que c'était elle.

Smokel, d'Assailly et Chasteley, *intéressés*. — Et ?

Marthe Sparre. — Non, c'était une femme brune, mince, pas trop grande, pas jolie, mais expressive et qui semblait nue dans sa robe.

Chasteley, *rêveur*. — Mme Auberg, je vois cela, une juive.

Au mot de juive, le nom d'Ephrussi sort de toutes les bouches et la conversation devient générale ; les mots de *pacte de famine*, de *rois de Jérusalem* éclatent çà et là mêlés aux noms de princes d'*Aurec*, d'*Edouard Drumont* et de *Breteuil*. Une heure plus tard, quelques apartés.

— Les Benjamin Constant ! de l'Orient de bazar algérien et de la rue de Rivoli, pas même Alger, boulevard de la République ! Oh ! non, je n'aime pas ces pastilles du sérail. — Et le Munkacsy ? — Il y a un beau cadre ! Vous avez vu les Henri Martin ? — Non, impossible de mettre la main dessus ; on dit que c'est très bien. Aimez-vous le Sinibaldi ? —

Ces petites Loïe Fuller frisant des révérences à un régiment de cuirassiers qui fait la manœuvre, j'avoue n'avoir rien compris. — Et le Chalon ? On ne pille pas Gustave Moreau avec plus d'impudence : l'aquarelle existe, mon cher, avec la figure d'Hélène dans la même pose et respirant la même fleur.

Autre groupe. — Et cette Castéra qui débute mercredi à la Bodinière, c'est bien l'ancienne amie d'Antoine de *** et de Bertrand. — Le petit duc, tu te rappelles, elle s'est longtemps habillée en homme et ressemblait tant alors à Henri d'Orléans. — Du talent ? — Jusqu'ici des talents, mais très, très, très jolie : nous verrons son talent demain soir ; vous y venez ? — Parbleu !

Autre groupe. — Bien embêtant pour le cercle, cette histoire ! — Laquelle ? — Mais l'autre.

D'ANLETRIN. — Je vous assure que c'est une affaire de climat. En Algérie, on n'attache aucune importance à ces sortes de fantaisies ; elles sont courantes, ça ne compte pas.

MARTHE SPARRÉ A MADAME BARINGHEL. — Vous retournez tantôt au Vernissage ?

MADAME BARINGHEL. — Voir le défilé des horreurs non, je suis trop bien ici : redescendre à Paris après ce café glacé, pour voir pontifier Mme Reratazzi et les douze tribus !... J'irai seulement essayer vers cinq heures.

VII

PÈLERINAGE

Le premier vendredi au Salon des Champs-Elysées, vers quatre heures, salle n° 16; d'Héloé, d'Assailly, Smokel et Marthe Sparre; Marthe Sparre, jupe ballon de soie changeante marron clair glacé d'argent, tout en petits volants depuis le bas jusqu'à la ceinture, corsage plissé en taille de guêpe et et manches à trois bouffants, chapeau cabriolet en paille vert tendre criblé de primevères, de velours grenat, brides marron, l'air d'une lorette de Gavarni avec ses cheveux couleur avoine mûre, air voulu d'ailleurs.

Marthe Sparre, *devant le tableau de Munkacsy.* — Moi, cette peinture m'accable, il y en a trop.

Smokel. — De peintures?

Marthe Sparre. — Non, de personnages, je cherche toujours la borne kilométrique dans les tableaux de Munkacsy.

Smokel. — Le fait est qu'il doit faire peindre ça à l'entreprise, à tant du mètre, par ses élèves.

D'Héloé. — Par des manœuvres, voulez-vous dire ! Je vois ça très bien exposé dans une foire lointaine, tcherkesse ou moscovite, à la fête de Nijni-Novogorod par exemple.

D'Héloé. — Le fait est... Regardez autour de nous, tout cela est-il assez vulgaire.

D'Assailly. — Moi, je regrette presque les Rose + Croix.

D'Héloé. — Et vous ne vous embêtez pas.

Une demi-heure après, les mêmes, plus Chasteley, Mme de Malpertuis et Lucy Tenner, rencontrés errant au hasard.

Madame de Malpertuis. — Laissez-moi vous conduire, j'ai découvert quelque chose de charmant, n'est-ce pas, Lucy ?

Lucy Tenner. — Hum !

Smokel. — Mademoiselle n'a pas l'air convaincu.

Madame de Malpertuis. — C'est un genre qu'elle se donne, de n'être de l'avis de personne.

D'Assailly. — Est-ce vrai cela ?

Lucy Tenner, *à voix basse*. — Moi, je ne demande qu'à me laisser convaincre, ce sont les arguments qui manquent.

D'Assailly. — M'autoriseriez-vous à...

Lucy Tenner, *qui se sent épiée par Mme de Malpertuis*. — Nous en reparlerons.

Les mêmes, dans la salle n° 14 où les a conduits Mme de Malpertuis.

Smokel. — Comment, c'est le Sinibaldi que vous voulez nous faire voir ! Mais nous ne connaissons que ça.

Marthe Sparre. — C'est gentil si l'on veut, ces petites Loïe Fuller, mais...

D'Héloé. — Ça n'a rien de définitif, ça ne ferait pas un sou l'an prochain ; joli parce que la mode y est, et encore...

Chasteley. — Oui, et encore, la vraie Loïe ne faisait plus un sou aux Folies, on l'a remerciée. Quant à l'autre, la contrefaçon, elle est déjà d'exportation ; elle est partie en Russie, la très russe Bob Walter.

D'Assailly. — Et elle a mille francs par jour, est-ce vrai cela ?

Smokel. — Mille francs, mais si tous ceux qu'elle rase depuis trente ans s'étaient cotisés pour ne pas la voir, elle aurait obtenu plus ici.

Madame de Malpertuis. — Je vous laisse aller, ce n'est pas du tout pour le Sinibaldi que je vous ai conduits ici.

Tous en chœur. — Pourquoi alors ?

Madame de Malpertuis, *désignant un tableau du bout de son ombrelle.* — Mais pour celui-là.

D'Héloé, *s'esclaffant.* — Pour le Visconti, ah ! c'est complet !

Tout le monde rit avec lui.

Madame de Malpertuis, *stupéfiée.* — Alors vous n'aimez pas ces architectures Louis XV et ces ombres rousses dans ce brouillard d'automne.

D'Héloé. — Oui, pour une décoration de kiosque au fond d'un parc, je ne dis pas.

Madame de Malpertuis. — Eh bien ! moi, cela me plaît, c'est d'une tonalité charmante.

Smokel, *moqueur*. — Avouez que vous aimez Madeleine Lemaire.

Madame de Malpertuis, *innocemment*. — Certainement, ses fleurs.

Une demi-heure après, les mêmes, salle n° 7.

D'Assailly, *bas à Lucy Tenner*. — Et voilà maintenant Chasteley qui nous conduit devant le Roybet.

Lucy Tenner. — Ah ! le fait est que cette promenade est sévère.

D'Assailly, *toujours à voix basse*. — Vous aimez, vous, cette peinture sur velours pour cuisinières.

Lucy Tenner. — Vous m'insultez, maintenant.

D'Assailly, *même jeu*. — Savez-vous ce que nous devrions faire ? venir tous les deux un matin en catimini, en artistes, faire une petite promenade d'esthète devant les quatre ou cinq morceaux propres de cette exposition et de là venir déjeuner en amis.

Lucy Tenner, *le regardant fixement*. — Dans votre garçonnière, rue du Cirque ou du Colisée, n'est-ce pas ?

D'Assailly. — Pourquoi pas, nous prierons Mme Sparre et le petit d'Héloé, qui ne sont pas des sots d'être de la partie.

Lucy Tenner. — Partie carrée, alors, vous avez de l'aplomb.

Madame de Malpertuis, *s'adressant à la bande*. —

M⁰ Baringhel m'a recommandé une statue étonnante à la sculpture, c'est intitulé le *Fardeau quotidien*, c'est impressionnant, paraît-il, c'est d'Anletrin qui l'a découvert.

D'Héloé, *bas à Marthe Sparre*. — Découvert par d'Anletrin, je parierais qu'il y a là-dessous quelque horreur.

VIII

PARTIE CARRÉE

Chez d'Assailly, garçonnière élégante, rue du Cirque : appartement tendu en soi de Brousse, sur la tenture aquarelles de sport signées Detaille et Brown, quelques belles armes en panoplie : aspect éclatant et banal. Comme seule note raffinée, des touffes d'azalées rose et soufre accrochent la lumière dans les angles; une grande baie drapée d'une portière de Smyrne donne sur une salle à manger Henri II où se dresse un assez joli couvert de quatre : nappe russe brodée blanc sur rouge et jonchée d'œillets jaunes entêtants (une faute). Il est midi : entrent en coup de vent Marthe Sparre et Lucy Tenner accompagnées de d'Héloé et de d'Assailly.

MARTHE SPARRE. — C'est une imprudence, mais tant pis.

D'HÉLOÉ. — Nous n'avez aucun mérite, il n'y avait personne aux Champs-Elysées, tout le monde est au Champ de Mars, au vernissage, qui est-ce qui aura pu nous voir ?

LUCY TENNER. — Le monsieur qu'on ne connaît pas et qui vous suit.

MARTHE SPARRE. — Tu vas me faire croire qu'on suit

encore les femmes dans la rue : c'est un pauvre, ton suiveur. (*A d'Assailly.*) C'est très joli chez vous, mon cher. (*Bas à Lucy Tenner.*) C'est d'un coco, on se croirait au Gymnase.

Lucy Tenner. — J'ai toutes les chances, c'est à moi qu'il fait la cour.

Marthe Sparre. — Tu fermeras les yeux et songeras à un autre.

Lucy Tenner. — Autant rester chez soi, c'est moins fatigant. (*A d'Assailly.*) Où met-on son chapeau ?

D'Assailly. — Ici. (*Il lui indique une crédence.*)

Marthe Sparre, *se laissant tomber sur un divan.* Essayons les instruments de supplice. (*Bas à Lucy.*) Un peu fatigué, le chevalet de la torture. (*Se levant.*) Allons, mange-t-on ?

D'Assailly. — Par ici, mesdames, à table. (*Bas à d'Héloé.*) Elles ont l'air frais et puis elles sont toujours à causer dans les coins, je n'aime pas cela.

D'Héloé. — Tu as eu peut-être tort d'inviter Mme Sparre, elle est si jolie, et tu sais que Lucy...

D'Assailly. — Oh ! parce que son portrait par Lucienne Botshalma... ça ne prouve rien, une peinture.

D'Héloé. — Il y en a de parlantes, ça dépend du pinceau.

Marthe Sparre. — Quand vous aurez fini de potiner, vous deux, dans les coins ! (*Bas à Lucy.*) Il est quelque peu démonté, ton flirt, ton attitude le glace.

Lucy Tenner. — Est-ce qu'il croyait que j'allais tomber dans ses bras.

Marthe Sparre. — Non, mais sur le premier siège à coussins de la pièce, et Dieu sait s'ils abondent ici, les fauteuils bas. Quand une femme passe le seuil de leur garçonnière, pour eux c'est comme si ça y était ; nous avons sauté le pas.

Lucy Tenner, *pouffant*. — Pauvres chéris !

Marthe Sparre. — Et un choix de lecture. (*Elle ouvre du doigt des livres posés sur une table.*) Courtisane, de Charpentier, Peints par eux-mêmes, naturellement, Confidences d'une aïeule ; tiens, il lit l'Animale de Rachilde, il a donc besoin d'excitants ; tu as lu ça, toi ?

Lucy Tenner fait signe que oui.

Marthe Sparre. — Mes compliments. Les poésies du duc de Tarente, du beau Macdonald et le *Cent-Garde* de Macé, crime passionnel.

Lucy Tenner. — C'est dégoûtant.

D'Assailly, *qui vient d'arranger longuement son nœud de cravate devant une glace et vient enfin s'asseoir à table.* — Mesdames, nous vous attendons.

Marthe Sparre. — Voilà, voilà. Oh ! ces poissons fumés ont l'air bon !

Une heure après, au dessert, ces dames chipotent des fraises au maraskin cristallisées dans la glace.

Lucy Tenner, *à d'Héloé*. — Voyons, vous, guidez-moi, quels tableaux ai-je dû admirer ce matin, que je puisse au moins justifier ma promenade.

D'Héloé. — Mme de Malpertuis est si jalouse que ça ?

Lucy Tenner. — Et Mme Marthe Sparre, l'est-elle, jalouse ?

D'Héloé. — Mais elle n'en a pas le droit.

Lucy Tenner. — Ah ! eh bien, c'est un droit que sur moi ne possède encore personne (*Remarquant un mouvement de d'Héloé*) et que ne possédera jamais votre ami d'Assailly, bien que je déjeune ici. (*Tirant son carnet*), allons, écrivez-moi les tableaux que je dois avoir vus, ceux que je dois aimer ; moi je n'en ai marqué que six.

D'Héloé, *feuilletant le carnet*. — Mais c'est déjà beaucoup ; *les Abeilles*, de Quost, ah ! oui ; jolis, ces *soleils* et ces *pétunias*, le portrait d'Emile Motte, mais vous avez du goût.

Lucy Tenner, *ironique*. — Autant que miss Enigma ?

D'Héloé, *poursuivant*. — Salle numéro treize, de Moreau de Tours, l'*Idylle dans les Choux*, j'aime moins ; *les Oies le matin*, de Pail, mais vous êtes champêtre ; et salle numéro quinze les Jef Leempoels, bien ; l'*Héliogobale*, d'Alma Taddéma, hum ! hum ! trop de roses, et l'Henri Martin, mais ça suffit.

Lucy Tenner, *railleuse*. — Alors vous n'ajoutez rien ?

Marthe Sparre, *à Assailly*. — Ah çà, vous devenez fou, nous venons déjeuner chez vous pour échapper à la cohue annuelle et vous nous proposez maintenant un tour au vernissage.

D'Assailly, *piqué*. — Je vous avoue que si la conversation avait pris un autre tour...

Marthe Sparre. — La conversation prend le tour qu'on lui donne ; pour un raté, c'est un raté, mon cher. Avez-vous ici le téléphone ? oui, demandez donc une baignoire aux Variétés pour ce soir, c'est la rentrée de Réjane, vous aurez peut-être plus de chance auprès de Lucy, je vous soupçonne d'être plus l'homme de minuit que de midi ; suis-je assez bonne femme, hein ? (*Elle se lève de table.*)

IX

RECONNAISSANCE

Au Champ de Mars, un jeudi, vers quatre heures, dans le grand salon de repos d'un bleu si profond et si doux qu'il en a consacré la réputation de tapissier d'art de M. Guillaume Dubufe.

D'Héloé, Lucy Tenner, Marthe Sparre : tous trois sont assis au coin d'une table et forment un groupe indolent et agréable à contempler, les deux femmes dans l'ébouriffement de leurs pèlerines de velours, émeraude sur les épaules de Lucy Tenner, améthyste sur celles de Mme Sparre, éclairées toutes deux de rubans de satin de nuances atténuées rappelant celle des velours; sur leurs petites têtes artistement blondes des chapeaux à antennes et doublement ailés comme un pétase de Mercure.

MARTHE SPARRE, *s'étirant voluptueusement.* — Je n'oublierai jamais cette journée, d'Héloé; vous êtes un amour. (*A Lucy Tenner.*) N'est-ce pas que c'est un ange de nous avoir fait connaître cette peinture ?

LUCY TENNER. — Oh ! moi, je n'ai jamais douté de M. d'Héloé.

D'Héloé, *s'inclinant*. — Vous avez le Burne Jones reconnaissant.

Marthe Sparre. — Ah ! comment oublier la délicieuse vision de ce *Persée !* Je me sens des iris dans le cerveau et des opales dans le cœur : est-ce assez exquis comme souffrance ?

D'Héloé, *ironique*. — Quel terrible instrument de douleur que votre ame !

Lucy Tenner. — Le plus beau vers de la reine Juana.

D'Héloé. — Vous avez lu la pièce ? Tous les courages, alors ?

Lucy Tenner. — Jusqu'au bout ; quel beau dernier acte, avouez-le ! Quel dommage qu'il soit écrit en vers !

Marthe Sparre. — On dit Dudlay étonnante en vieille reine loqueteuse et sordide sur son grabat.

D'Héloé. — Oui, on se demande ce que Sarah aurait pu faire de mieux : j'ai rarement vu un rôle plus composé.

Marthe Sparre, *qui rêve à autre chose*. — Les trois femmes agenouillées du *Persée*, sont-ce les Parques ou les Hespérides ?

Lucy Tenner. — Qu'est-ce que cela te fait, puisque c'est du rêve assez bien rendu pour te faire songer ?

Les contes que tu fais seraient-ils un mensonge
Le charme survivrait de les avoir rêvés.

Marthe Sparre. — Mais tu as de la littérature.

Lucy Tenner. — Non, des réminiscences, mais que veux-tu ? Devant Burne Jones.

D'Héloé. — Je parierais que mademoiselle préfère la *Sirène* au *Persée*.

Lucy Tenner. — Je vous crois, c'est la première fois qu'on nous sert une fille de la mer pas poncive, sans tortillements, sans enroulements dans sa queue de monstre, mais bien droite sur ses nageoires comme un poisson qui monte, et la prise de possession convulsive et ravie de cette figure de femme emportant ce corps d'homme, le triomphe de cette étreinte et le modernisme de ce visage, à la fois inassouvi et souffrant, cette tête de volupté, tout cela n'est-il pas d'un art exquis et suraigu !

Marthe Sparre. — Mais il faut te faire critique d'art, ma chère, tu as des descriptions d'un ressenti...

D'Héloé, *saluant*. — Et partagées, je vous prie de le croire. Savez-vous au fond ce qui vous charme dans cette *Sirène* ? (*après un temps*), c'est sa ressemblance avec miss Enigma.

Les deux femmes. — Vous trouvez ?

D'Héloé. — Si je trouve, mais c'est à crier (*s'adressant à Lucy Tenner*), comme vous avec Mathilde Castéra.

Lucy Tenner. — Suis-je vraiment aussi jolie ?

D'Héloé. — Allez donc un jour vous promener de

cinq à six dans sa voiture, au Bois, vous m'en direz des nouvelles.

Lucy Tenner. — Vous avez de l'aplomb.

D'Héloé. — Mᵐᵉ Baringhel s'est bien mise en tête de l'avoir à sa soirée du vingt.

Lucy Tenner. — Pour dire des vers de Chasteley ?

D'Héloé. — Non, du comte Rzewuski, n'oubliez pas que nous sommes très slaves. (*Regardant fixement Lucy Tenner.*) Savez-vous un qui ferait bien votre portrait, à vous ?

Marthe Sparre. — Whistler ou votre ami Dannat.

D'Héloé. — Laissez Dannat aux espagnoles et Whistler à l'Angleterre, mais quelqu'un d'approchant en effet, Antonio de la Gandara.

Marthe Sparre. — L'homme à la *Dame en vert*, en effet. Sais-tu que tu serais exquise, peinte comme ça, en ayant l'air de fuir et de rentrer dans le mur, et tes cheveux blonds baignés de gris perle.

D'Héloé. — Oui, ce serait un peu mieux que votre glace pistache par Lucienne Boishalma. (*Ils se lèvent.*)

Une heure après, à la sortie de l'Exposition, d'Héloé met ces deux dames en voiture.

Marthe Sparre. — Et nous avons fini par Ary Renan, vous êtes le phénix des guides, merci. (*Elle lui serre la main.*) N'oubliez pas de nous avoir une loge pour *Pelléas et Mélisande*, nous voulons absolument connaître Maëterlinck. Puisque vous l'aimez, ça doit être exquis; c'est vous qui nous accompagnerez, bien entendu.

Dix minutes après, ces dames dans la voiture.

Lucy Tenner. — Décidément oui, il est charmant et ce que j'aime en lui c'est qu'il ne nous fait pas la cour.

Marthe Sparre, *ironique*. — Il ne te fait pas la cour, tu trouves ?

X

AUTOUR DE « PELLÉAS »

Chez Mᵐᵉ Sparre, place des Etats-Unis, dans un des plus jolis hôtels du quartier, Tenture de chez Liberty en crépon vert purée traversé d'énormes chrysanthèmes blancs et de chardons rosâtres à feuillage glauque et fantasque, le tout de nuance atténuée et rappelant, à s'y méprendre, les décors de Paul Vogler; meubles en bois laqué blanc de chez Maple, chaises et fauteuils cannés vert céladon avec coussins de pékin rose-thé, sur la cheminée tout en glaces une cire peinte de Charles Cros et deux grands vases en faïence de Minturne dits à la plume de paon.
Marthe Sparre, Lucy Tenner, Chasteley, d'Hanavant, d'Anletrin, Mᵐᵉ Baringhel.
Mᵐᵉ Sparre en toilette de batiste bleue eau de savon, toute plissée à la taille et aux manches dans le goût des robes des peintures italiennes, toilette dite accordéon, l'air d'un archange très pervers de Gozzoli avec ses cheveux d'un brun roux en bandeaux sur le front.

MADAME BARINGHEL. — Je ne vous le pardonnerai jamais : ne m'avoir pas fait signe pour cette représentation !

MARTHE SPARRE. — Si j'avais cru une minute que cela pouvait vous plaire.

Madame Baringhel. — Mais je suis folle de sentiment, je n'admets plus que cela dans la vie.

Chasteley. — Ceux que vous éprouvez ou ceux que vous faites naître ?

Madame Baringhel. — Mais ceux que j'éprouve, je ne m'occupe que de moi ; d'ailleurs, il y a longtemps que je ne trouble plus personne, n'est-ce pas, monsieur d'Hanavant ?

D'Anletrin. — On ne vous demande pas votre confession.

Madame Baringhel. — Alors ce *Pelléas* et cette *Mélisande*, il paraît que c'est d'un charme et d'une émotion, d'une tendresse, comment dirai-je ? fluidique diaphane, comme un bain de rosée, quoi ! Les des Fastes, qui y assistaient et n'y ont rien compris, d'ailleurs, m'en ont rapporté des choses exquises, des mots comme ceux-ci : *On croirait qu'il a plu sur mon cœur* ou *c'était un petit être timide et mystérieux comme tout le monde*, mais ces choses-là feraient pleurer un usurier et d'Anletrin lui-même.

D'Anletrin. — Merci du compliment.

Madame Baringhel. — Oh ! je voulais simplement dire que vous étiez dur, un peu récalcitrant ; moi, je suis pour la tendresse, l'humidité des paupières et des âmes, une éprise de souffrance, une douloureuse, quoi !

Chasteley. — École Jeanne Jacquemin, élève Madeleine Lemaire, *Revue des deux-Mondes* et *Revue Blanche*, illustrées par Odilon Redon.

MARTHE SPARRE, *à Mme Baringhel*. — Si douloureuse que cela, chère amie, mais depuis quand ? Je vous ai vue mardi dernier si ravie du *Talisman*.

LUCY TENNER. — En effet, vous ne parliez que de Méaly et de Fugère, du duo des « Pipiaux », de celui du « Coq et de la Poule ».

MARTHE SPARRE. — Et je vous avoue qu'entre le « Ous'qu'est ton œuf » de Nicolas, et la scène de la tour dans *Pelléas*, où les cheveux de Mélisande se déroulent et descendent jusqu'à son amant, il y a un tel abîme, une telle différence !

MADAME BARINGHEL. — Mais justement, on ne vit que par ces oppositions violentes, n'est-ce pas, monsieur d'Hanavant ? Ah ! cette scène des cheveux, il paraît que c'est d'un enlaçant, et puis il y a aussi une scène dans la forêt entre les deux enfants, car ils ont seize ans à peine, n'est-ce pas ? Mais pour voir cela, j'aurais donné jusques à deux cents francs.

LUCY TENNER. — Et il y avait des loges vides dans la salle...

MADAME BARINGHEL. — Et une salle superbe, m'a-t-on dit, toute la fine littérature de ce temps, depuis Mallarmé jusqu'à Mirbeau, Hervieu, Herédia, Montesquiou.

MARTHE SPARRE. — Et Whistler lui-même !

MADAME BARINGHEL. — Whistler y était et je n'y étais pas ! Non, je ne m'en consolerai jamais.

CHASTELEY. — C'est pis que du désespoir.

MADAME BARINGHEL. — Du désappointement.

D'Anletrin, *bas à Chasteley*. — Ah çà ! cette petite Mme Sparre doit avoir un amant, c'est délicieux chez elle et d'un goût... un peu verjus anglais, mais d'un pur, d'un sûr... On la guide certainement. Qui lui soupçonnez-vous ?

Chasteley, *riant*. — Lucy Tenner, peut-être.

D'Anletrin. — C'est sûrement, après miss Enigma, la plus jolie et la plus fine créature de ce temps ; mais vous savez mieux que moi qu'elle dépense quatre-vingt mille livres par an sans un sou devant elle.

Chasteley. — Et que pour lui complaire, le ménage Malpertuis se saigne les veines à blanc. Oh ! ça s'est déjà vu, il y a des précédents, l'Hébé de l'ancien Olympe versant l'ambroisie à Jupiter et à Junon.

D'Anletrin. — Mais Jupiter avait aussi Ganymède.

Chasteley. — Chut ! pas d'histoires de club ici, vous êtes d'un Orient...

XI

L'ÉDUCATION D'UNE AME

Au Salon du Champ de Mars, section de peinture : d'Héloé, Marthe Sparre, Lucy Tenner, Chasteley, Mme Baringhel et d'Anletrin ; ils arpentent les galeries et stationnent en groupe devant les tableaux.

D'ANLETRIN. — Vous savez que nous avons l'air d'une noce ?

LUCY TENNER. — C'est mon avis ; il faut nous semer un peu, nous faisons sensation.

MADAME BARINGHEL. — Oh ! moi, je ne vous quitte pas. (*Saisissant le bras de d'Héloé*). Vous êtes un trop précieux guide. (*Se tournant vers d'Anletrin et Chasteley.*) Moi, je reste avec ces dames ; je leur dois des minutes trop exquises pour faire un seul pas sans elles. (*Aux deux femmes.*) Je suis votre initiée et vous n'avez pas le droit de m'abandonner maintenant. Songez que vous êtes mes éducateurs d'âme.

Chasteley et d'Anletrin s'inclinent et restent en arrière.

Lucy Tenner, *bas à Marthe Sparre*. — Trois femmes pour un mari alors. Je trouve qu'elle nous sort son âme bien souvent.

D'Héloé. — Soyez persuadées que c'est une âme mobile et qui ne souffre en rien de ces transbordements.

Lucy Tenner, *bas*. — Oh! j'en suis convaincue; vous avez l'air du beau berger Pâris entre nos trois jupes.

D'Héloé. — Ou du beau Nicolas; c'est assez agaçant.

Lucy Tenner. — Prenez-vous-en à Marthe; c'est elle qui a eu la belle idée de l'amener avec nous.

Marthe Sparre, *se rapprochant*. — Le moyen de faire autrement; elle y a mis une insistance! Je la crois, entre nous, toquée de d'Hanavant.

D'Héloé. — Et comme d'Hanavant reste en arrière, elle se console avec des subtilités d'âme et d'art pour jargonner comme elle, et cherche où refléter partout son petit cœur souffrant.

Lucy Tenner, *lui frôlant la joue du coin de son éventail*. — Mauvaise peste et bonne pièce! (*Désignant M*^me *Baringhel arrêtée devant la* Venezia bella

REGINA MARIS *d'Aman Jean.*) Oh ! un bon point. Elle y a été d'elle-même.

Ils se rapprochent curieusement de M*me* Baringhel et l'observent.

LUCY TENNER, *un doigt sur les lèvres.* — Chut ! laissons-la à son inspiration. (*Après un silence.*) Il faut l'aider un peu, c'est long. (*S'approchant tout à fait d'elle.*) Eh bien, chère amie, que pensez-vous de cet Aman Jean ?

MADAME BARINGHEL *se retournant.* — Cette femme nue qui respire une rose sur fond d'émail bleu ?

LUCY TENNER. — Cet émail bleu représente la mer.

MADAME BARINGHEL. — Ah ! ça pourrait être aussi bien le ciel.

D'HÉLOÉ. — En effet.

MADAME BARINGHEL. — Eh bien ! ça me plaît extraordinairement. Il y avait aux Chaudrettes, la propriété où j'ai été élevée, une vieille tapisserie de vestibule représentant le triomphe d'Amphitrite. Cette dame à la rose me la rappelle d'une façon étrange, c'en est impressionnant.

LUCY TENNER. — Si elle entame maintenant ses souvenirs d'enfance...

D'HÉLOÉ. — Mais non, mais non, c'est très bien pour un début ; continuez, madame, Amphitrite déesse de l'Océan, Venise reine de la mer, la Sirène, Vénus sortant des eaux, tout cela se tient dans le même symbole et cette critique d'art est d'une simplicité qui ne déplairait pas au peintre, assurément.

Lucy Tenner, *bas à d'Héloé*. — Vous croyez. Vieille tapisserie, donc pastiche, vous êtes d'un indulgent.

D'Héloé. — Et vous d'un féroce, avouez pourtant que ç'a été beaucoup mieux que devant les Ary Renan.

Lucy Tenner. — Je vous crois, elle a pris pour un champ de luzerne le fond de la mer de *Sapho morte* et *Orphée* pour une souche d'arbre.

D'Héloé. — *Orphée* pour une souche d'arbre ne m'offusquait pas trop. Renan y a certes songé. Orphée désespéré s'identifiant à ces troncs de vieux saules, devenant ligneux lui-même, se desséchant, s'ossifiant, ça n'est pas fait pour me déplaire.

Lucy Tenner. — Vous symboliseriez, vous, l'écume du pot-au-feu, écoutez-la plutôt, votre belle néophyte, maintenant.

Madame Baringhel, *à Marthe Sparre, devant les portraits du même Aman Jean*. — Les têtes me font peur, mais avoir l'adresse du couturier de ces robes !

Lucy Tenner. — Vous n'avez plus qu'à la conduire devant les Armand Point, ça va être délirant.

D'Anletrin, *à Chasteley*. — C'est une des seules femmes nature qui nous restaient encore. Ils vont nous la gâter avec leur art au bleu et leur Maeterlinckage, mais bon sang ne peut mentir ; savez-vous ce que nous faisons en quittant cette exposition ?

CHASTELEY. — Quand vous me l'aurez dit.

D'ANLETRIN. — Nous prenons tout bonnement le bateau de Suresnes et nous allons manger une friture de Seine à Billancourt, au *Goujon folichon*.

CHASTELEY. — Avec d'Hanavant.

D'ANLETRIN. — Naturellement, et la petite Mme Suzy Morfels, celle qui a quitté son mari parce qu'il lui faisait trop d'enfants, oh ! je sais que ces dames lui font la mine, elles qui n'en auront pas, parce que...

CHASTELEY. — Parce que?

D'ANLETRIN. — Parce que?..... je me comprends.

LUCY TENNER, *montrant à d'Héloé Mme Baringhel arrêtée en extase devant Jeanne Granier en Macarona, par Paul Robert.* — Regardez-la, elle est enfin sincère, et voilà de l'Espagne au niveau de son âme; bon sang ne peut mentir, êtes-vous fixé maintenant?

XII

LE DÉJEUNER MAUVE

> Il est des brocs persans et de vénitiennes
> Buires d'un ton si fin, et de si délicates
> Vitrifications de gemmes et d'agates,
> Qu'on les pourrait donner pour des musiciennes.
>
> Comte Robert de Montesquiou.

Chez la comtesse des Audraies. Petit salon tendu de panneaux de velours de Scutari vert réséda ramagé d'arabesques jaune terni. Aux quatre angles, étroites glaces oblongues drapées de dauphine Louis XVI vert myrte et surmontant quatre adorables consoles blanc et or, petits meubles du temps.
Suzanne des Audraies, Simonne d'Héfleurons, d'Anletrin, d'Assailly, Mme Baringhel.

MADAME BARINGHEL. — Et vous en étiez de ce fameux déjeuner ?

SUZANNE DES AUDRAIES. — Pour mon malheur. Ce que toutes les femmes y étaient laides ! Ah ! ce mauve, la princesse a eu là une belle inspiration ; au fond, c'est une nuance féroce, nous avions toutes l'air de mouches dans du lait ou de vieux bonbons au citron.

Madame Baringhel. — Et moi qui me figurais que ce devait être si joli !

Suzanne des Audraies. — Eh bien ! détrompez-vous, ma chère. Nous étions toutes à faire peur, mais dans l'école symboliste on ne s'effare pas de la laideur des femmes, au contraire, on les préfère terribles, les idées n'en sont que plus pures.

Madame Baringhel. — Alors, cette lecture...

Suzanne des Audraies. — Des œuvres d'Oscar Wilde ? nous a toutes assommées. Nous étions, il fallait voir, d'une humeur... un vrai massacre ! Moi, d'abord, quand je me sens laide, rien ne va plus ; mon bulletin de santé, c'est mon miroir.

D'Assailly. — Voilà qui est franc.

D'Anletrin. — Et franchement femme.

Suzanne des Audraies. — Si vous croyez que je vais mentir pour vous ?

Simonne d'Héfleurons. — En effet, ce serait du temps perdu.

Suzanne des Audraies, *d'un ton gavroche*. — J'te crois, pour d'Anletrin, surtout.

Tête de d'Anletrin.

D'Assailly, *toussotant*. — Alors, si j'en juge d'après votre impression, madame, ce n'est pas encore une mode qui prendra chez nous.

Suzanne des Audraies. — Une mode qui consiste à s'ennuyer à écouter des chinoiseries et des rébus anglais dans les décors qui nous rendent laides, non. Si l'on compte sur moi pour lancer cette mode-là. (*S'adressant à Simonne d'Héfleurons.*) Les robes de ce printemps nous suffisent.

Madame Baringhel. — Et moi qui voulais vous donner un déjeuner hortensia bleu.

Suzanne des Audraies. — Avec lecture de vers de M. de Montesquiou ; vous savez que d'Héloé finira par vous rendre folle.

Madame Baringhel, *tressautant.* — D'Héloé !

Suzanne des Audraies. — Mais oui, d'Héloé ! Ne vous défendez donc pas, vous ne le quittez plus. Lui, Mme Sparre et Lucy Tenner, on ne voit plus que vous courant les expositions et stationnant devant les tableaux les plus compromettants, ceux dits à conseil judiciaire, n'est-ce pas, monsieur d'Assailly ?

Madame Baringhel. — A conseil judiciaire !

Suzanne des Audraies. — Sans doute, le fait d'avoir chez soi ou simplement d'aimer certains tableaux prônés par la nouvelle école suffit parfaitement aux yeux des tribunaux pour vous faire enfermer.

Madame Baringhel. — Vous m'effrayez.

Suzanne des Audraies. — Pas plus que vous, ma chère. Depuis que cette petite Mme Sparre a versé dans la sauce anglaise, les ameublements de Maple et les robes à la Rosetti, vous êtes comme ensorcelée, c'est de l'envoûtement, vous ne vous possédez plus, n'est-il pas vrai, messieurs.

Ces messieurs font signe que oui, Mme Baringhel veut protester.

SUZANNE DES AUDRAIES, *l'interrompant*. — Pourtant si les déjeuners en couleurs vous hantent, soulagez-vous, ma chère, mais donnez-le-nous rose, d'un rose bien franc, qui aille bien au teint. Nous y gagnerons tous et, s'il vous faut absolument une lecture après, qu'on nous lise un chapitre de ce petit livre-là. (*Elle lui tend les* CONFIDENCES D'UNE AÏEULE, *par Abel Hermant.*) Voilà qui est vivant et bien français au moins.

Entre de Chasteley.

TOUTES CES DAMES A LA FOIS. — Et vous, vous en étiez du fameux déjeuner?

CHASTELEY. — Du fameux déjeuner mauve, ah! de grâce ne m'en parlez pas, j'en suis encore tout impressionné, ces serviettes mauves, ces verres mauves, je me croyais dans un bateau-lavoir et buvant de l'eau de savon avec des blanchisseuses.

SUZANNE DES AUDRAIES, *riant aux éclats*. — De l'eau de savon ; c'est tout à fait cela.

CHASTELEY. — Sans compter que ce décor mauve n'est même pas une idée à elle, il existe déjà ce décor violâtre et délicieux, ma foi, c'est la salle à manger du peintre Dannat.

Simonne d'Héfleurons. — L'homme aux Espagnoles bleues ? voilà qui ne m'étonne pas.

XIII

AVANT LA BATAILLE

Chez Mme des Fastes petit salon somptueusement Louis XVI, banalement Louis XVI aussi d'ailleurs, profusion de glaces, d'étoffes d'Orient et de broderies portugaises détonnant au travers des meubles, plafond peint par Clairin ; au mur un grand portrait de la maîtresse de la maison par Carolus Duran ; des dominos de satin blanc sont posés sur le piano.

Mme des Fastes, Marthe Sparre, Lucy Tenner, d'Assailly, puis un peu plus tard, Mme Baringhel.

On entend dans le salon à côté glisser des pas sur un vieil air de pavane.

MADAME DES FASTES. — Je ne sais où donner de la tête, aucun de ces dominos ne va, et la soirée est pour ce soir ; vous en êtes ?

MARTHE SPARRE. — De la redoute en domino blanc pour les femmes et en habit de couleur pour les hommes de Guillaume Dubufe ! Non, je reçois encore chez moi des peintres, mais il y a beau temps que je ne mets plus les pieds chez eux.

Madame des Fastes, *estomaquée*. — Mais Guillaume Dubufe.

Marthe Sparre. — Oh ! je sais, je sais, membre du jury, hors concours, et quatre-vingt mille francs de rentes, mais pas plus chez lui que chez Munkacsy ou Madeleine Lemaire. M. Sparre n'aime que les Turner, moi je n'admets que les Primitifs d'Italie et j'ai, pour un portrait, promesse de Whistler ; qu'irions-nous faire dans ces ateliers où l'on danse ? (*S'adressant à Lucy Tenner*). N'est-ce pas, chérie ?

D'Assailly, *s'inclinant du côté de Lucy Tenner*. — Je croyais que mademoiselle s'occupait de peinture.

Lucy Tenner, *gouailleuse*. — Désirez-vous quelques iris à la gouache sur l'habit mauve que vous mettrez ce soir ?

D'Assailly. — Ne m'accablez pas, cela est trop facile ; mais, parole d'honneur, je vous croyais au mieux avec tous les princes de l'art.

Lucy Tenner, *à Marthe Sparre*. — Les princes de l'art, comme il y va. (*A d'Assailly.*) Citez un peu des noms pour voir ; je suis curieuse de connaître votre Gotha.

D'Assailly, *interloqué*. — Mais Bouguereau, Puvis.

Lucy Tenner *riant*. — Roybet, Benjamin Constant, Bonnat ; vous faites confusion, mon cher, je ne suis ni Mlle d'Anelthan ni miss Robins ; je ne suis l'élève de personne, moi.

Madame des Fastes, *piquée*. — Et vous vendez horriblement cher.

Lucy Tenner. — Ridiculement cher, en effet, je ne travaille que sur commande. (*Bas à Marthe Sparre.*) Ça m'amuse de la faire monter en graine, ce vieux lys martagon.

Marthe Sparre. — Tu vas peut-être un peu loin.

Lucy Tenner, *impertinente, à Mme des Fastes*. — Et ma peinture, bon an mal an, me paie le couturier, et je ne fais que des fleurs. Mais qu'est-ce que cette musique? Vous avez donc le corps de ballet chez vous, on dirait que l'on danse à côté.

Madame des Fastes. — Ne m'en parlez pas, c'est la duchesse d'Hangomar qui m'a demandé à toute force Lydie pour figurer dans ses danses Louis XIII, à sa fête du neuf.

Lucy Tenner. — Oui, la fête du neuf juin, comme dans le *Prince d'Aurec*... Dansez pavane. Alors c'est elle qui répète ici à côté.

Madame des Fastes. — Avec Pluque, de l'Opéra, deux louis le cachet.

Marthe Sparre. — Et cela ne la fatigue pas trop, votre jolie Lydie?

Madame des Fastes. — C'est-à-dire que la pauvre enfant y perd son latin. Il y a huit jours, elle dansait la gavotte chez Mme Morio de l'Isle, maintenant c'est la pavane qu'il lui faut apprendre pour le neuf juin. Sa gavotte la gêne, elle mêle les pas, s'embrouille; on s'y perdrait à moins.

Lucy Tenner. — Vous êtes vraiment bien bonne de la fatiguer ainsi cette enfant.

Madame des Fastes. — C'est elle qui l'a voulu, cela l'amuse.

Lucy Tenner. — Ah ! vous m'en direz tant, et son cavalier de pavane est ?...

Madame des Fastes, *se rengorgeant*. — Mais le duc d'Hangomar lui-même.

Lucy Tenner. — Toutes les gloires, alors, tant mieux ; si c'est le duc, voilà qui me rassure, voilà une pavane qui ne troublera pas ses rêves de jeune fille. (*Se levant et s'adressant à Marthe Sparre.*) N'oublie pas, Marthe, que nous allons à la conférence, M. d'Héloé nous attend.

Marthe Sparre. — Mais c'est vrai ; (*se levant, à Mme des Fastes*) vous nous excusez, n'est-ce pas ?

D'Assailly. — Comment, maintenant vous suivez les conférences et vous prenez des notes ?

Lucy Tenner. — Et je sténographie, c'était vraiment trop drôle, mardi dernier ; oh ! ce Laurent Tailhade, savez-vous comment il appelle les gens du monde ? des urnes d'incompréhension, c'est charmant. Ce qu'il arrange son siècle et ses contemporains, non, on boit du lait tout le temps ; nous partons, Marthe.

Entre en coup de vent Mme Baringhel.

Madame Baringhel, *apercevant Lucy Tenner et se précipitant vers elle*. — Ah ! ma chère, je sors de chez M. d'Héloé et j'ai vu des iris blancs de vous, non, c'est du rêve peint... j'en ai l'âme malade, il me faut les pareils, pareils absolument, mais moi, je vous préviens, je veux des prix d'amie, je ne vous les paierai pas dix mille francs.

Mme des Fastes et d'Assailly échangent un regard significatif, Lucy Tenner devient très pâle, et Mme Baringhel voit qu'elle a fait une gaffe.

XIV

CE QUI LES OCCUPE

Chez la comtesse des Audraies, dans la serre ; stores de soie citron pâle de chez Liberty, plantes vertes et clématites dernier modèle de l'Exposition d'horticulture, clématites bleues, mauves et blanches larges comme la main, sièges en bambous avec coussins de pékin crème et lilas.

Comtesse des Audraies, marquise d'Héfleurons, d'Anletrin, Chasteley, Mme d'Enervon.

MADAME D'ENERVON. — Il est certain qu'il va être bien difficile de la voir maintenant. Tant que les Malpertuis l'ont imposée et répondaient quasi d'elle on la subissait encore, mais maintenant qu'il est prouvé qu'elle est publiquement entretenue.

D'ANLETRIN. — Oh ! prouvé !

MADAME D'ENERVON. — A qui ferez-vous croire qu'on donne dix mille francs à une demoiselle pour un panneau d'iris.

CHASTELEY. — Des fleurs de collection, madame.

D'ANLETRIN. — Une aquarelle, mais il y en a qui

valent jusqu'à trente mille, demandez à Hayem ce que Gustave Moreau lui fait payer les siennes.

Madame d'Enervon. — Vous ne m'endormirez pas avec vos histoires ; pour moi, ces iris blancs payés dix mille francs me renseignent tout simplement sur la cote de son alcôve.

Suzanne des Audraies. — Pouvez-vous dire ! ma chère ! réfléchissez un peu.

Madame d'Enervon. — C'est tout réfléchi. Il était de notoriété publique, n'est-ce pas, que le ménage Malpertuis se saignait à blanc pour elle. Amie de monsieur, amie de madame, ou des deux à la fois, c'est un point qu'on n'a jamais éclairci ; n'empêche que c'était ce que M. d'Anletrin appellerait si joliment...

D'Anletrin, *goguenard*. — Un attelage à trois...

Madame d'Énernon. — Vous l'avez dit. Eh bien ! depuis un mois, Mlle Tenner ne met plus les pieds à l'hôtel Malpertuis, mais en revanche elle s'affiche partout avec M. d'Héloé !

Chasteley. — Et Mme Sparre aussi.

Madame d'Enervon. — Et Mme Sparre aussi ; peut-être qu'il attelle à deux, votre ami, car enfin cette petite Mme Sparre, il n'y a qu'un an qu'on la connaît et six mois qu'elle nous éclabousse de son luxe. Son petit hôtel de la place des Etats-Unis, qui est-ce qui le lui a offert? Je sais bien que M. Sparre joue à la Bourse.

D'Anletrin. — Et est un joueur heureux, madame.

Madame d'Enervon. — Naturellement ; enfin je vous abandonne Mᵐᵉ Sparre. Depuis Panama tout est possible, mais Mˡˡᵉ Tenner ne joue pas, que je sache.

Chasteley. — Mais elle peint

Madame d'Enervon. — Des aquarelles pour galeries de vieux banquiers de Jérusalem et rez-de-chaussées de jolis garçons.

Chasteley. — Pourriez-vous citer un banquier ?

Madame d'Enervon. — Pas encore, mais je citerai un joli garçon, M. d'Héloé.

Chasteley. — Qui n'a pas le sou, je le connais ; à peine trente-cinq mille francs de rentes.

Madame d'Enervon. — Eh bien ! il se ruine alors, ce monsieur, puisqu'il paye cinq cents louis les iris blancs de cette demoiselle.

Chasteley. — Vous êtes certaine, madame, de ce que vous avancez là ?

Madame d'Enervon. — Moi, je m'en lave les mains. Mᵐᵉ des Fastes est ma diseuse, la scène s'est passée chez elle, tout s'est découvert par Mᵐᵉ Baringhel.

Chasteley. — La terrible Mᵐᵉ Baringhel.

Mᵐᵉˢ d'Héfleurons et des Audraies échangent un regard significatif.

Madame d'Enervon. — Elle l'a dit sans intention, bien étourdiment, je vous l'assure.

D'Anletrin. — Oh ! pour cela je vous crois, comme

gaffe elle a droit au prix d'honneur, mais quel est ce vacarme dans votre appartement ? (*S'adressant à Mme des Audraies.*) Je parierais que c'est elle.

MADAME D'ENERVON, *se levant*. — Enfin par elle ou par une autre, qu'importe ! L'important est de savoir que cinq cents louis sont le prix d'un mois d'intimité, on solde par une aquarelle ; cent vingt mille francs par an, tel est le loyer de Mlle Tenner. (*Serrant les mains des deux femmes.*) Je sors par la salle à manger, je ne veux pas rencontrer Mme Baringhel. (*Elle s'en va.*)

SIMONNE D'HÉFLEURONS. — Elle ne change pas, Mme d'Enervon.

D'ANLETRIN. — Oh ! c'est toujours la même, sotte et méchante. La vipère a la tête plate.

COMTESSE DES AUDRAIES. — C'est du Goncourt que vous nous citez là.

D'ANLETRIN. — Je suis confus de le mettre en si mauvaise compagnie ; du Goncourt à propos de Mme d'Enervon.

CHASTELEY. — Cette pauvre Anatolie, n'oubliez pas qu'elle est la femme la plus… verrouillée de France ; il faut pardonner beaucoup aux personnes atteintes de constipation.

Entre en coup de vent Mme Baringhel.

MADAME BARINGHEL *s'arrêtant au seuil de la serre*. — Oh ! ce que vous êtes jolies dans ces clématites !

est-ce le jaune de vos stores qui vous donne ce teint-là, c'est délicieux : je vais commander les mêmes (*serrant la main à tout le monde*), non, parole d'honneur, groupés comme vous êtes là, on dirait un Doucet (*consentant enfin à s'asseoir*), mais que devenez-vous ? il y a un siècle que l'on ne s'est vu (*s'adressant à Suzanne des Audraies*), vous d'abord, vous n'en manquez pas une de la *Valkyrie*.

Suzanne des Audraies. — Ne le dites pas trop haut, rien ne me serait plus désagréable que d'être prise pour Mme de Snobière.

Madame Baringhel. — La jolie Mme de Snobière.

Suzanne des Audraies. — Oui, le Botticelli pour Jacques Blanche, la svelte, la souple et la blonde Mme de Snobière dont tous ceux de la petite classe veulent avoir fait le portrait.

Chasteley, *riant*. — Celle qui à Bayreuth déclarait à Hermann...

Madame Baringhel. — Bemberg ?

Suzanne des Audraies. — Non, à Hermann-Lévy.

D'Anletrin. — Oui, la petite histoire.

Simonne d'Héfleurons. — Que tout Paris connaît.

Suzanne des Audraies. — Parfaitement, elle avait remarqué, la très musicienne Mme de Snobière, qu'à la trente-deuxième mesure de la troisième scène du second acte de *Parsifal* la petite flûte avait baissé son *la dièze* d'un quart de ton.

Chasteley. — Et elle se déclarait mécontente de l'exécution.

Suzanne des Audraies. — Naturellement, et comme moi, j'aime Wagner depuis dix ans, et que je jouais déjà la « Chanson de l'Etoile » au couvent, je ne saurais être confondue avec les plus ou moins jolies esthétiques madames qui roulent des yeux blancs et se pâment avec des ah! aux entrées de Delmas et aux sorties de Mme Bréval. Je ne me soucie pas, moi, des brevets de wagnérienne que peut me décerner la salle, j'aime Wagner comme un vice et j'ai mes vices pour moi et non pour la galerie.

Madame Baringhel. — Et là, calmez-vous, on ne le dira pas.

Suzanne des Audraies. — A la bonne heure, et vous, que devenez-vous ? car c'est vous qui devenez invisible, et ce n'est pas à la *Valkyrie* que vous passez vos soirées.

Madame Baringhel. — Ah! cela, oui, je l'avoue, moi, j'en suis à Reyer, à peine à *Lohengrin*.

D'Anletrin. — Et Yvette Guilbert est votre Rose Caron ?

Madame Baringhel. — Pas tout à fait, mais celle-là, oui, je l'adore. L'avez-vous entendue depuis son retour de Marseille ? Oh! l'autre soir aux Ambassadeurs, elle nous a chanté les *Fœtus* et les *Petits Vernis*.

D'Anletrin :

   Nous sommes les Vernis,
   Les petits Vernis...

Oui, la chanson de Bruant retapée pour les besoins de la cause.

CHASTELEY. — Retapée, donc démodée.

D'ANLETRIN. — Vous l'avez dit, la robe de trente louis chez le grand faiseur et de vingt-cinq francs chez la revendeuse; pour moi, le talent d'Yvette, c'est la robe d'il y a deux ans.

MADAME BARINGHEL. — Et moi qui lui trouvais un air mystique.

CHASTELEY, *éclatant de rire*. — Ça, il faut l'écrire.

D'ANLETRIN, *riant*. — Télégraphiez Chincholle, boum ! servez bock !

MADAME BARINGHEL, *désolée*. — Alors qui faut-il aimer cette année ! Et moi qui voulais vous la servir, cette délicieuse Yvette, à ma soirée du douze.

SUZANNE DES AUDRAIES. — Mais servez-la-nous donc, chère amie, et sans vous préoccuper de ces messieurs. C'est moi qui les aurais déjà remisés depuis une heure qu'ils vous tourmentent ; aimez franchement Yvette et dites-le hautement, eux préfèrent Balthy.

MADAME BARINGHEL, *naïvement*. — Qui ça, Balthy ?

CHASTELEY ET D'ANLETRIN, *éclatant*. — Oh ! voilà, vous ignorez Balthy et vous vous dites Parisienne.

MADAME BARINGHEL. — Balthy !

SUZANNE DES AUDRAIES. — Balthy, une chanteuse qui se lève et qui, en quatre-vingt-quinze, sera devenue, elle aussi, la robe d'il y a deux ans. (*S'adressant aux hommes.*) C'était bien la peine de dauber ainsi sur Mme de Snobière, vous lui ressemblez tous deux terriblement.

Madame Baringhel, *reprenant son aplomb.* — Soit, j'aurai donc Yvette Guilbert pour moi et Balthy pour ces messieurs, et vous, mesdames, que vous servirai-je à ma soirée du douze ? Une scène de *Pelléas* avec les créateurs des rôles ?

Simonne d'Héfleurons, *avec une moue.* — Il ne faudrait pas non plus nous prendre pour Mme Marthe Sparre.

Madame Baringhel, *après un silence.* — Eh bien, je vous servirai Charles de Paris et Louis de Lyon ; vous ne les connaissez pas, ceux-là.

Les deux femmes et les deux hommes en chœur. — Nous ignorons absolument.

Madame Baringhel, *triomphante.* — Eh bien, vous les verrez chez moi. Une jeunesse, une plastique, deux dieux grecs, et ce qu'ils emplissent leurs maillots ! c'est moi qui les ai découverts à la fête des Invalides.

D'Anletrin. — Mais alors ce sont des...

Madame Baringhel. — Deux lutteurs inédits, découverts par moi, Mme de Panama et d'Héquivoch, pas plus tard que lundi ; le soir même, nous avons dîné aux Ambassadeurs, nous avons terminé par un tour dans la fête.

D'Anletrin. — La fête des *Gars valides*, alors ! M. d'Héquivoch était votre guide, vous m'en direz tant.

XV

PENDANT LE GRAND PRIX

Chez Mᵐᵉ Baringhel, le dimanche du Grand Prix, de quatre à six : Mᵐᵉ Baringhel est étendue en robe d'intérieur de crépon blanc sur la chaise longue Empire acajou à bronzes d'art de son grand salon. Les persiennes sont hermétiquement closes, les grands rideaux de seize-vingt vert myrte à lyres d'argent strictement tirés et, dans le clair-obscur de la haute pièce fraîche, Mᵐᵉ Baringhel bâille, s'étire et s'ennuie, un volume à main.

Auprès d'elle, à sa portée, sur un guéridon de marbre blanc à galerie de cuivre, un verre d'eau pour médicaments, un vaporisateur et, posée dans un grand vase de Sèvres blanc pâle tendre, une gerbe de lys blancs qui entêtent.

MADAME BARINGHEL, *posant son volume sur le guéridon.* — Non, décidément, c'est au-dessus de mes forces, cet Achille est fou de m'avoir recommandé cette *Nymphomane* ; comment l'homme qui a fait *Charles Demailly* a-t-il pu écrire ce livre ? (*Elle bâille.*) J'aurais mieux fait de reprendre les *Confidences d'une aïeule* ; ah, j'aurais surtout mieux fait de ne pas aller hier à cette soirée, tout cela est la faute de d'Anlctrin, on ne va plus chez Molier. Ça m'a paru d'un coco, cette pantomime, de Gerbaud et d'Artus, et puis toutes ces têtes du soi-disant Paris fêtard, qu'on retrouve toujours les mêmes depuis dix ans, avec dix ans en plus sur les grimaces et dans les rides, et puis ces loges, où il faut monter par une échelle ! C'est cela qui m'est resté sur le cœur, moi qui ne puis descendre un escalier sans avoir le vertige, et quelle cohue ! et l'on appelle ça une soirée privée.

Si je reprenais un peu d'antipyrine, je crois plutôt que ce sont ces lys qui m'entêtent. (*Elle appuie sur un timbre.*)

Julie, *paraissant dans l'embrasure d'une porte.*
— Madame ne se sent pas mieux, madame m'a appelée ?

Madame Baringhel. — Oui, donne-moi un cachet, je ne sais plus où j'ai mis la boîte, et emporte ces fleurs, je suis tout étourdie. (*A Julie qui s'éloigne en emportant les lys.*) — Non, mets-les là sur cette console, un peu loin de moi, mais que je les voie, ils me tiennent compagnie. Sait-on quel est le gagnant ?

Julie. — Je peux téléphoner, Madame ?

Madame Baringhel. — Ah ! non, tout plutôt que cette sonnerie : ce serait ma mort. Un peu de ce vaporisateur plutôt ; c'est de la fougère royale, que tu as mise ?

Julie. — Oui, Madame.

Madame Baringhel, *avec un long soupir*. — Oh ! c'est cela, sur le front, dans les cheveux, sur la nuque, ah ! je me sens renaître, ah ! ma pauvre Julie, penses-tu que j'en ai une malchance, cette partie en mail projetée avec toute la bande, être dans l'état que voilà, je n'ai plus une goutte de sang dans les veines. Ah ! si je n'avais pas ce soir ce dîner chez les de Molesville (*à Julie qui lui apporte le verre d'eau et le cachet*), qu'est-ce que c'est ça ?...

Julie. — Mais c'est le cachet que Madame m'a demandé.

Madame Baringhel. — Mon antipyrine, c'est le quatrième depuis ce matin. Ne trouves-tu pas que c'est un peu beaucoup ?

Julie. — Je ne me serais pas permis de le dire à Madame, mais Madame n'est peut-être pas prudente.

Madame Baringhel. — Tu as raison, c'est de la folie pure. Si je prenais un peu d'éther, rien qu'une petite cuillerée de sirop.

Julie. — Madame sait bien que l'éther ne réussit plus très bien à Madame.

Madame Baringhel. — Alors quoi, mon Dieu ! va me chercher mon crayon à migraine, dans le petit meuble, dans ma chambre.

Julie, sort.

Madame Baringhel, *redressée sur sa chaise longue tout en se vaporisant les cheveux*. — Je ne puis pourtant pas croire que c'est la soirée Molier, ça ne m'avait jamais fait cela les autres années, c'est plutôt ce dîner chez Ledoyen, j'aurai attrapé froid. D'Anletrin a la rage de vous faire manger dehors, il a fallu mettre les morceaux doubles, engloutir presque pour arriver à temps rue Bénouville, oh! quelle soirée! si on m'y reprend! (*Prenant le crayon des mains de Julie et s'en zébrant le front et les tempes.*) Et dire qu'en ce moment il fait une poussière allée des Acacias, ah! ce retour du Grand Prix, ce sera bien la première fois que je n'y assisterai pas.

Julie. — Oh! pour ce que Madame y perd, une foule, une bousculade et des odeurs, sans compter que je n'aime pas beaucoup la robe que Madame voulait y mettre.

Madame Baringhel. — Ma Loïe bouton d'or, en effet, elle ne me va pas au teint, n'est-ce pas?

Julie. — Oh! tout va au teint de Madame, mais ces manches en ailerons, ça s'est déjà tant fait.

Madame Baringhel. — Oui, peut-être.

Julie. — Oh! celle que Madame doit mettre ce soir, à la bonne heure!

Madame Baringhel. — Ah! oui! cette corvée! Irai-je seulement?

Julie. — Moi, si j'étais Madame, ne serait-ce que pour voir la figure rougeaude de Mme des Fastes et les ondulations retour de Longchamps des autres, j'irais. Madame sait bien qu'on ne reste pas durant cinq heures à la poussière et au grand soleil sans se défraîchir un peu, et si j'avais le teint uni, la pâleur reposée et tout ce que possède aujourd'hui Madame, je me paierais leurs têtes.

Madame Baringhel, *se levant nonchalamment de sa chaise longue.* — Ah! tu me décides presque, mais c'est bien pour toi, pour te donner ta liberté ce soir, Ma robe n'est pas trop voyante pour le Jardin de Paris.

Julie, *inquiète.* — Madame compte y aller?

Madame Baringhel. — En bande, c'est dans le programme; ah! j'ai peut-être tort.

Julie. — Madame fait ce qu'elle veut. (*A part.*) Zut! moi qui y vais ce soir!

Madame Baringhel, *écoutant sonner six heures.* — Dire qu'il est six heures! C'est le Grand Prix de Paris et je ne sais pas le nom du gagnant! Viens m'habiller.

XVI

CE QUI LES PASSIONNE

Chez Mme des Audraies, dans le salon déjà démeublé, les rideaux et les sièges recouverts de housses : une corbeille monumentale de jonc argenté, où se fanent des gardénias en pied, est la seule note un peu vivante de la pièce. Mme Baringhel en robe claire de mousseline de soie vert Nil toute fanfreluchée de volants, depuis le bas de la jupe jusqu'en haut du corsage, est assise sur un petit tête-à-tête déjà enchemisé de coutil; elle tient son ombrelle des deux mains dans une pose méditative et embarrassée et tourmente avec le bout la pointe de ses souliers vernis. Entre en peignoir paille garni de malines Suzanne des Audraies.

Suzanne des Audraies, *donnant la main à Mme Baringhel.* — Ah! c'est bien parce que c'est vous! je ne reçois plus personne. Voyez, tout est défait; nous partons lundi.

Madame Baringhel. — Ah! ma chère amie, il faut que vous me sauviez la vie! Vous seule allez pouvoir me dire la vérité, vous savez que j'en suis malade, je suis au lit depuis lundi et avec une fièvre!

Je me suis levée pour venir vous voir, quelle affreuse histoire, et dire que nous y sommes toutes mêlées !

Suzanne des Audraies. — Mais quelle histoire ? Je n'y suis pas du tout, vous savez ?

Madame Baringhel. — Mais le potin de Lucy Tenner et d'Héloé, la fameuse aquarelle de dix mille francs, et c'est moi qu'on accuse pour je ne sais quel propos tenu chez vous.

Suzanne des Audraies, *s'installant*. — Non chez Mme des Fastes, pas chez moi. Allez, j'y suis maintenant.

Madame Baringhel. — Chez vous ou ailleurs, qu'importe !

Suzanne des Audraies. — Mais c'est qu'il m'importe beaucoup que ce ne soit pas chez moi.

Madame Baringhel. — Enfin, c'est chez vous que cette odieuse Mme d'Enervon, qui est bien la peste la plus peste...

Suzanne des Audraies. — Oh ! cela je vous l'accorde.

Madame Baringhel. — Enfin, c'est ici que cette monstresse a tenu sur Mlle Tenner des propos...

Suzanne des Audraies. — Que Chasteley et d'Anletrin ont répétés à M. d'Héloé ; il fallait s'y attendre, ce sont trois têtes dans le même bonnet.

Madame Baringhel. — Et M. d'Héloé, furieux, cherche l'auteur du propos, mais qu'ai-je dit, qu'ai-je dit ? Ai-je dit au autre chose que le prix de l'aquarelle ?

Suzanne des Audraies. — Non, je ne dis pas le contraire, mais on en a tiré des conclusions.

Madame Baringhel. — On, Mme d'Enervon, ici, il n'y a pas huit jours, dans votre serre.

Suzanne des Audraies. — Oh ! de grâce, ne me brouillez pas avec Mme d'Enervon.

Madame Baringhel. — C'est cela, vous m'abandonnez, vous aussi ; vous avez peur.

Suzanne des Audraies. — Peur, non ; mais je ne veux sous aucun prétexte être mêlée à cette histoire.

Madame Baringhel. — C'est que Mme d'Enervon me cite, moi, et si cela se gâte tout à fait, si M. d'Héloé vient chez moi, demande à voir M. Baringhel. M. Baringhel à la veille des élections ! Un mari charmant, qui me laisse toute liberté à la condition de ne pas entraver son existence politique ! Ma chère, je vais en faire une maladie, je sens que je vais décéder.

Suzanne des Audraies, *lui prenant les mains*. — Non pas encore, nous y perdrions trop, enfin si ça se gâtait tout à fait, citez mon nom, mais à la dernière extrémité.

Madame Baringhel. — Oh ! qu'elle est bonne, quel amour d'amie. (*Elle l'embrasse.*)

Suzanne des Audraies. — Oui, oui, calmez-vous, mais je crois que vous exagérez la situation.

Madame Baringhel. — J'exagère, on voit bien que vous n'étiez pas au dîner Molesville.

Suzanne des Audraies. — En effet, je suis rentrée

du Grand Prix, avec une telle migraine que je me suis couchée.

Madame Baringhel. — Plût à Dieu que j'en eusse fait autant ! tout le monde m'a fait une tête à ce dîner et, sans ce bon Restacourt qui s'est dévoué, je me serais cru en réception chez un concurrent politique.

Suzanne des Audraies. — Mlle Tenner était à ce dîner?

Madame Baringhel. — Naturellement, et d'Héloé, et les Sparre, et les Malpertuis et toute la bande. Si vous aviez vu la figure que m'a faite Mme Sparre !

Suzanne des Audraies. — Oui, elle n'avait pas digéré l'histoire du mail.

Madame Baringhel. — Quelle histoire de mail ? Je ne suis pas du tout au courant.

Suzanne des Audraies. — C'est vrai, vous n'étiez pas aux courses. Ah mais, entre la troisième et la quatrième, nous avons eu une assez jolie scène de mœurs.

Madame Baringhel. — C'est cela, je me doutais bien aussi qu'il devait y avoir eu une histoire, mais entre qui, à propos de quoi ?

Suzanne des Audraies. — Mais vous ne savez rien, entre le mail des de Fastes et le mail des Sparre.

Madame Baringhel, *délicieusement émue*. — Oh ! racontez-moi cela.

Suzanne des Audraies. — Hé bien, voilà, le baron Finot venait de remporter son prix. Vous m'écoutez, n'est-ce pas ?

Madame Baringhel. — Moi ! Je suis pantelante.

Suzanne des Audraies. — Le mail des des Fastes se trouvait presque vis-à-vis de la tribune d'honneur avec, juchés sur l'impériale, tous les d'Enervon de la terre, Mme des Grenaudes et votre amie de Panama.

Madame Baringhel. — Oh ! mon amie....

Suzanne des Audraies. — Qu'importe, il ne s'agit pas de cela. Le mail des Malpertuis se trouvait à quelques mètres du leur, mais pour l'instant vide, les maîtres descendus au pesage avec nous. Les maîtres, c'étaient, vous le devinez, en plus des Malpertuis, le ménage de Sparre, d'Héloé, Smokel, d'Anletrin, Lucy Tenner.

Madame Baringhel. — Naturellement, mais, allez, je ne vis plus.

Suzanne des Audraies. — Lucy Tenner, et avec elle la plus jolie femme certes de la réunion, cette Anglaise qui révolutionna Trouville l'été dernier, cette miss Enigma qui resta quinze jours seule à la côte de Grâce.

Madame Baringhel. — Oui, très énigmatique, cette miss Enigma, une aventurière d'outre-mer, n'est-ce pas ?

Suzanne des Audraies. — Oui, une Lucy Tenner de Londres. Mais si vous croyez que de pareils jugements vont arranger les choses. Bref, après la troisième course, toute la bande Malpertuis pressée sans doute à cause du dîner du soir, de traverser la piste, de regagner le mail, et, chacun une fois installé,

M. Sparre qui conduisait rend les rênes, le mail s'ébranle et paf s'arrête net, coupé, oh! mais, coupé comme on ne l'a jamais été, par M. d'Enervon, cocher du mail des Fastes. J'ai cru à une collision, toutes les femmes effarées s'étaient levées, mais aux cris, aux appels d'éventails et d'ombrelles de Mme Sparre et de Malpertuis, aux gestes d'effroi de Mlle Tenner, rien ne répond de l'autre mail; il a détalé raide, manquant les renverser. Ni Mme d'Enervon, ni Mme des Fastes, elles, n'ont tressailli; pas une femme de l'autre mail n'a bronché, d'Enervon les a coupés sans une excuse, sans un salut!

Madame Baringhel *consternée*. — Vraiment!

Suzanne des Audraies. — Tel que je vous le dis.

Madame Baringhel. — Je comprends maintenant leurs mines, et tout cela à cause de moi.

Suzanne des Audraies. — Il paraît.

Madame Baringhel. — Mais enfin, rien ne dit que l'insolence s'adressait à Mlle Tenner, il y avait là cette demoiselle anglaise, et vous avouerez que les Malpertuis auraient bien pu...

Suzanne des Audraies. — Oui. Le fait est que la présence de miss Enigma dans leur mail était un peu vive, mais, en somme, elle n'autorisait pas M. d'Enervon à couper M. Sparre et surtout ces dames à ne pas rendre le salut.

Madame Baringhel. — Oh! je reconnais bien là Mme d'Enervon. Arrogante et sotte et d'une prétention, oh !... je plains ses gendres, à celle-là, elle est née belle-mère.

Suzanne des Audraies. — Elle est née trompée surtout.

Madame Baringhel. — Avouez que d'Enervon a bien des excuses ?

Suzanne des Audraies. — Oh! les hommes en ont toujours, mais convenez aussi que la bande Malpertuis et Sparre a dû trouver mauvaise la morgue à l'espagnole des des Fastes et d'Enervon.

Madame Baringhel. — Je comprends tout maintenant, et c'est pour cette pecque provinciale (car elle est née sûrement à Pithiviers, elle a la tête d'une femme de notaire. Avez-vous remarqué la laideur hostile et comme toujours partie en guerre des notairesses de tous pays?), c'est pour cette sotte créature que je vais avoir, moi, tous les ennuis et je ne les mérite pas, car je ne la vois pas, moi, Mme d'Enervon.

Suzanne des Audraies. — Mais vous la rencontrez chez les autres, les autres sont bien coupables, n'est-ce pas?

Madame Baringhel. — Ne m'accablez donc pas, mais, au fait, n'y a-t-il pas eu quelque chose cet été entre miss Enigma et M. d'Enervon?

Suzanne des Audraies. — Mme d'Enervon se plaisait à le dire et monsieur à le démentir, c'est même le seul plaisir que le pauvre homme ait eu, je crois, de la chose.

Madame Baringhel. — Je me rappelle que miss Enigma a quitté leur villa, brusquement, priée de sortir par madame, sinon chassée.

Suzanne des Audraies. — Mais tout le monde cet été a quitté brusquement la villa d'Enervon ; ç'a été une série d'exécutions à laquelle Mme des Fastes seule a échappé.

Madame Baringhel. — Mais tout cela m'arrange fort, il est tout naturel que l'impolitesse des des Fastes se soit adressée à miss Enigma et non pas à Mlle Tenner, puisqu'il y avait eu précédent. La présence de miss Enigma dans leur mail me sauve, tout s'arrange maintenant.

Suzanne des Audraies. — Ne vous y fiez pas, je connais mon Anatolie. Elle et Mme des Fastes sont bonnes pour deux impertinences à la fois et même plus, si telle est leur fantaisie (*se levant en entendant du bruit dans la pièce voisine*), mais si je ne rêve pas, ce sont leurs voix.

Madame Baringhel, *qui s'était levée pour s'en aller*. — Mmes des Fastes et d'Enervon, le camp ennemi. Je reste, j'aime mieux cela.

La voix de Madame d'Enervon. — Oui, oui, je sais qu'elle y est, j'en fais mon affaire, n'insistez pas, mon garçon.

Entrent Mmes des Fastes et d'Enervon.

Madame d'Enervon, *à Suzanne des Audraies*. — Nous forçons votre porte, chère amie, mais notre visite est de la dernière importance, vous permettez. (*Elle s'assoit.*)

Mme des Fastes en fait autant.

MADAME D'ENERVON, *continuant sans paraître avoir vu Mme Baringhel.* — Vous nous voyez à la fois outrées et ravies, outrées d'une indécence affichée, manifeste, d'un cynisme avoué, aujourd'hui indéniable, mais ravies de voir enfin dégagée toute notre responsabilité. Je sais qu'on nous a blâmées, vous toute la première, de notre attitude adoptée ce dernier dimanche par madame et moi, vis-à-vis des familles Sparre et Malpertuis; on nous a trouvées unanimement trop sévères, mais si nous avons pris, madame et moi, l'initiative de brûler le mail incriminé et de ne pas rendre le salut, c'est qu'au mépris des convenances les plus élémentaires, Mmes de Malpertuis et Sparre, que je veux croire encore honnêtes, avaient affiché à côté d'elles deux créatures, je maintiens le mot, madame, deux créatures, miss Enigma d'abord (et je suis payée pour être renseignée sur celle-là, je l'ai vue à l'œuvre cet été à la mer, elle a essayé de me débaucher mon mari), et Mlle Tenner, sur le métier de laquelle il ne reste plus un doute au prix où elle vend ses aquarelles aux amateurs de goût.

SUZANNE DES AUDRAIES. — Je reçois encore Mlle Tenner.

MADAME D'ENERVON. — Mais vous ne la recevrez

plus quand vous saurez avec qui nous venons de la rencontrer au Bois. (*Se tournant vers Mme des Fastes.*) N'est-ce pas, chère amie, en pleine allée des Acacias, faisant son persil tout comme les autres, avec miss Enigma, celle-là, une impure reconnue. Elles ont associé leur beauté et leurs frais de voiture, elles se font, ma foi, valoir, quoique toutes deux blondes, leur victoria est bien attelée mais quand on vend une aquarelle mille louis...

Madame Baringhel, *se levant*. — Le prix a donc monté, vous me voyez enchantée de pouvoir l'apprendre à M. d'Héloé, quand il viendra s'enquérir chez moi des bruits que vous colportez.

Madame d'Enervon, *crispée*. — Madame.

Madame Baringhel, *debout*. — M. d'Héloé, furieux des propos tenus sur Mlle Tenner, a juré de faire un éclat et un exemple. Il faut bien vous en instruire puisque vous l'ignorez, et comme partout, madame, vous me citez hautement comme la première diseuse de ces imprudences, je serai heureuse de pouvoir vous citer comme la tireuse de conclusions et même comme la personne qui fait monter les prix de Mlle Tenner en même temps que baisser sa bonne réputation. (*Elle salue et sort.*)

XVII

L'ENTREVUE DU DRAP D'OR

Chez Lucy Tenner.
Rue de Babylone, dans un pavillon Louis XV situé au bout du parc de l'hôtel Malpertuis, entrée par les communs de l'hôtel Malpertuis, rue de Varennes.
Dans une grande pièce du rez-de-chaussée convertie en atelier, hautes boiseries Louis XVI grises à minces filets d'or, très peu de meubles, mais tous du plus pur style Empire dont un *somno* et une psyché en acajou ronceux agrémenté, des plus beaux cuivres, fauteuils et chaises en acajou, dits modèles à la lyre, recouverts en soie violette brodée d'abeilles d'or ; la pièce très vaste et très large est séparée par une merveilleuse tapisserie haute d'au moins cinq mètres représentant une scène mythologique d'après Prudhon. De chaque côté de la cheminée deux urnes de marbre blanc posées sur colonnes et au milieu la princesse Borghèse, d'après Canova, rideaux et portières en seize-vingt couleur vin de Bordeaux ; les rideaux sont ouverts, mais les persiennes des portes-fenêtres donnant sur le jardin demeurent hermétiquement closes : c'est l'atelier.
Lucy Tenner, la marquise de Malpertuis et miss Enigma.
Lucy Tenner dans un grand froc de crêpe gris de cendre, d'un gris délicieusement doux, ses cheveux blonds simplement tordus sur sa nuque, est installée sur un haut tabouret, la palette à la main, devant un chevalet : elle peint d'après miss Enigma, nonchalamment assise, la tête dans sa main et le

coude appuyé parmi les coussins violets du *somno*; la marquise de Malpertuis en robe d'intérieur en poult de soie fleur de pêcher, relevée de rubans pistache, est assise sur une banquette du temps. Miss Enigma en robe de mousseline des Indes presque blanche à manches courtes et bouffantes, les bras nus, ceinturonnée très haut d'un large ruban de moire jaune paille, tient à la main une gerbe d'iris blancs; elle est coiffée en bandeaux, mais en bandeaux ondés cachant l'oreille, et venant se nouer négligemment sur la nuque, un énorme scarabée de turquoises sert de boucle à la ceinture.
Sur un guéridon, au milieu de l'atelier, une jardinière d'argent ciselé où fondent lentement de gros morceaux de glace.

Miss Enigma. — Et il m'a épousée, oui, en dépit de tous, de toutes et du joli renom que m'avaient valu et mon indépendance et un peu ma beauté; mais les hommes savent fort bien à quoi s'en tenir avec nous. J'avais voyagé six mois avec lui à bord de son yacht; tout l'automne et tout l'hiver, nous les avions passés sur le littoral et partout, je le sais, je passais pour sa maîtresse, lui seul savait exactement quelle fille j'étais et il a fait de moi sa femme au retour, ce printemps, et je suis duchesse, presque princesse du sang.

Lucy Tenner. — Et millionnaire.

Miss Enigma. — Oh! cela naturellement et ce n'est pas un mariage d'argent, car Harry est un des plus beaux hommes des Trois-Royaumes, mais je n'irai jamais à la cour, tant que la reine vivra, du moins. La petite intimité du duc a seule été informée du mariage et jusqu'à nouvel ordre je reste et veux rester tout simplement miss Enigma.

Madame de Malpertuis. — Oh ! cela, je vous admire.

Miss Enigma. — Parce que j'ai résisté à la petite vanité, au médiocre plaisir d'humilier qui m'avait mal jugée autrefois ? Je mets, moi, mon orgueil plus haut et ce qui m'enchante dans ma nouvelle situation, c'est de paraître mériter encore leur blâme ! Ah ! quel plaisir de justifier une mauvaise opinion quand on a pour soi sa conscience ! n'est-ce pas affirmer le peu de cas qu'on fait des gens et se mettre bien au-dessus du monde des bavards et des sots que de négliger de faire ses preuves, quand il serait si facile d'établir les situations, n'est-ce pas, Lucy ?

Lucy Tenner. — Oh ! toi, je t'aime.

Miss Enigma. — Oh ! pas plus que moi et nous te vengerons de toutes ces bécasses et pintades françaises, mademoiselle la calomniée qui vous êtes si bravement compromise pour moi et pour l'amour de moi aux yeux de votre société de portiers. (*Elle se lève et va embrasser tendrement Lucy Tenner sur le front, un bras passé autour de sa taille.*)

Madame de Malpertuis *à miss Enigma*. — Savez-vous que vous êtes une héroïne, madame ?

Miss Enigma, *toujours debout derrière Lucy Tenner*. — Non, mais une fille de tête toujours et de cœur quelquefois. (*Se penchant sur le chevalet.*) Mais sais-tu qu'il est très bien ce portrait, le Duc te paiera cela au moins dans les cent mille.

Lucy Tenner, *rougissant*. — Oh! my dolly, pourquoi vous moquer de moi?

Miss Enigma. — Et s'il me plaît à moi d'ajouter cent mille francs à ta dot; d'ailleurs te voilà riche aussi maintenant au prix où tu vends tes iris. Avoue que M. d'Héloé aurait bien pu se taire.

Lucy Tenner. — Mais M. d'Héloé n'a jamais dit un mot de tout cela, il a payé deux mille francs mes iris qui valaient vingt-cinq louis, parce que c'est un très galant homme, et sans cette éberluée de Mme Baringhel qui a entendu dix pour deux...

Miss Enigma. — Qui ça, Mme Baringhel? Une folle ou une méchante femme?

Lucy Tenner. — Une méchante femme, elle, oh! non, mais un peu vive, un peu fantasque.

A ce moment entre un domestique portant une carte sur un plateau.

Lucy Tenner, *prenant la carte*. — Mme Baringhel, elle, ici, chez moi. (*S'adressant au domestique.*) Cette dame demande à me voir?

Le domestique fait signe que oui.

Miss Enigma, *venant reprendre sa pose sur le somno*. — Eh bien! faites-la entrer, il faut la recevoir.

Entre en tourbillon Mme Baringhel.

Madame Baringhel, *s'arrêtant au seuil*. — Dieu, que c'est joli ici! on peut bien dire « à vous le pompon », mon salon Empire dont j'étais si fière est une cochonnerie auprès de cet atelier. (*Apercevant enfin Lucy Tenner.*) Oh! mademoiselle, je vous demande pardon, mais quand on vient du grand jour, cette demi-obscurité, il fait chez vous une fraîcheur (*apercevant la jardinière pleine de glace*), mais il faut prendre un brevet, c'est tout simplement du génie, ce broc à glace à rafraîchir. (*Elle vient se camper devant le chevalet sans même avoir vu les deux autres femmes stupéfaites.*) Ah! le délicieux portrait, mais c'est du Reynolds, du Whistler, oh, j'en suis folle, et ces iris blancs à la main! à vous aussi le pompon pour les iris, M. d'Héloé ne s'embête pas d'avoir chez lui l'aquarelle que (*s'apercevant qu'elle vient de faire une gaffe et ne regardant plus que le portrait*), ça n'a pas de prix, une peinture pareille, mais voilà; j'aurais beau poser, et pendant des mois, on n'obtiendrait jamais cela. Cette femme-là est jolie, jolie, où trouvez-vous donc de pareils modèles?

Lucy Tenner, *réprimant une brillante envie de rire.* — Mais mademoiselle que voilà, miss Enigma. (*Elle fait la présentation.*)

Madame Baringhel, *à part.* — La cocotte anglaise ici, chez elle; bon, voilà qui ne va pas faciliter les choses.

Lucy Tenner, *désignant Mme de Malpertuis.* — Et la marquise de Malpertuis.

Madame de Malpertuis, *à Mme Baringhel.* — Que

vous ne daignez pas reconnaître depuis dix minutes que vous êtes là.

Madame Baringhel, *allant lui serrer les mains*. — Ah! ma chère, je suis tout étourdie, on me dit un atelier, j'entre à la Malmaison, un peintre d'aquarelles, je tombe sur un portrait de maître. (*Désignant miss Enigma.*) Madame, ou plutôt mademoiselle, d'une beauté comme je n'en avais jamais vue jusqu'à ce jour.

Miss Enigma. — Oh! vous pouvez dire Madame, je suis aussi mariée.

Madame Baringhel, *à part*. — Elle a de l'aplomb, l'Anglaise, je crois que j'ai eu tort de venir ici. (*S'adressant à Mme de Malpertuis.*) Et enfin je vous trouve, vous aussi; un five o'clock tea et je ne resterais pas?

Lucy Tenner, *sur un signe de miss Enigma*. — Et puis-je donc savoir, maintenant, madame, quel bon vent vous amène dans mon atelier?

Madame Baringhel, *s'asseyant*. — Quel bon vent? Hum! hum! C'est que, comment vous dirai-je, ce dont j'ai à vous entretenir est tout à fait particulier, et le sujet que j'ai à aborder est tel que j'aurais préféré être seule avec vous.

Madame de Malpertuis, *se levant*. — Sommes-nous de trop, ma chère?

Lucy Tenner. — Restez. (*A Mme Baringhel.*) Si j'en juge d'après votre attitude, c'est de ma réputation qu'il s'agit.

Madame Baringhel. — Vous sauriez...

Lucy Tenner. — Oui, quelques bruits me sont revenus ; vous permettez donc, madame, à ma meilleure amie (*elle désigne miss Enigma*) et à Mme de Malpertuis, qui depuis le couvent a bien voulu me servir de sœur, d'assister à un entretien qui me paraît devoir être grave, puisque je n'ai près de moi ni père, ni frère, ni mari qui puissent au besoin me défendre.

Madame Baringhel, *à part*. — Je crois que j'ai eu tort de venir, mais tant pis. (*Haut.*) Mademoiselle je serai franche, depuis quinze jours il court des bruits calomnieux sur vous.

Lucy Tenner. — Depuis quinze jours seulement ? Vous êtes indulgente.

Madame Baringhel. — Je me répète ; depuis quinze jours il court sur vous des bruits calomnieux dont je suis l'auteur, oui, l'auteur ou plutôt la cause et bien inconsciente, pour avoir admiré chez M. d'Héloé une aquarelle signée de vous et avoir répété sans y attacher aucun mal, chez Mme des Fastes et ailleurs, le prix de cette peinture, dix mille francs.

Lucy Tenner. — A huit mille francs près de différence ; c'était deux mille au lieu de dix.

Madame Baringhel, *interloquée*. — Bref, de mauvaises gens, de vilaines femmes et de vilaines âmes se sont emparées de ces prix, ont osé les plus invraisemblables conjectures, et dans le monde on a conclu...

Lucy Tenner. — Que Mlle Lucy Tenner n'était pas que la coûteuse amie du ménage Malpertuis. Je n'ignore rien de ce qui a été dit sur moi, madame, malheureusement.

Madame Baringhel. — Mademoiselle...

Lucy Tenner. — On a donc conclu qu'autrefois entretenue par madame que voici (*elle montre Mme de Malpertuis*), je pouvais bien être la maîtresse à cinq cents louis par mois de M. d'Héloé, surtout quand on m'a vue l'amie de madame que voilà (*elle désigne miss Enigma*), d'où nombre de saluts brûlés et autres impertinences à mon adresse et à la vôtre (*se tournant vers les deux femmes*) le dimanche du Grand Prix.

Madame Baringhel, *confuse*. — Mademoiselle, je vous assure...

Lucy Tenner. — Je croyais vous avoir dit, madame, que je n'ignore rien de ce qui s'est dit ou doit se dire sur moi, et comme M. d'Héloé, furieux de voir son nom mêlé dans la dernière vilenie, à juré de faire un exemple et que vous craignez affreusement un éclat, sinon pour vous, du moins pour votre mari (songez donc au Conseil général, là-bas, dans le Berry), vous êtes venue simplement me prier d'intervenir auprès de M. d'Héloé, M. d'Héloé sur lequel je dois avoir une bien grande influence d'après le prix qu'il met à mes iris.

En bonne conscience, madame, votre démarche n'est-elle pas un peu aussi une calomnie ?

XVIII

APAISEMENT

Chez d'Héloé, un rez-de-chaussée et un premier dans un hôtel de peintre de l'avenue de Villiers. Au rez-de-chaussée parloir, salle à manger, etc. Au premier, hall transformé en cabinet de travail, chambre à coucher, etc.

Dans le hall, très haute et très curieuse tapisserie d'après Lancret, Gilles et Pierrots se poursuivant à travers des parcs baignés de clair de lune, aspect fantomatique et charmant, meubles du XVIII° siècle en bois de violette recouverts d'étoffes de tons morts. Sur une immense commode en marqueterie de bois de couleur, sur un cabinet italien à incrustations d'ivoire et différents meubles épars, rien que des objets d'argent, flambeaux, vases, statuettes et écuelles du plus pur style Louis XV. Çà et là, dans des aiguières du même métal, des iris blancs. La grande baie du milieu drapée de transparentes étoffes bleuâtres laisse filtrer dans le hall un jour de clair de lune, une pâle lueur de rêve où l'argent des bibelots met un éclat de givre, la blancheur des iris un chatoiement de nacre entre ces tapisseries peuplées de Pierrots blancs.

Par une portière soulevée on aperçoit un peu de la chambre d'Héloé, une tenture rouge brique et sur cette tenture une tête douloureuse, signée Jeanne Jacquemin; un crayon de La Gandara et la fameuse aquarelle des iris blancs.

D'Héloé en complet de foulard gris cendre, chemise de surah noir, est assis devant sa table de travail; sur la table, au milieu d'un tas de papiers, les derniers livres parus, les

Mimes de Marcel Schwob, la *Salomé*, d'Oscar Wilde, ouverte au hasard ; sur une chaise près de la table deux épées de combat.

Entre sur la pointe du pied et sans que d'Héloé l'aperçoive Lucy Tenner : jupe ronde et petit collet de crépon ondulé mauve tendre ; à la taille ceinture de métal ciselé, chapeau paillasson noir avec bouquet d'orchidées au chignon, elle est gantée de blanc, chaussée de cuir couleur suède et exhale un délicieux parfum mêlé d'iris, de verveine et d'œillet, elle s'avance à tous petits pas, s'arrête derrière d'Héloé et lui pose ses deux mains sur les yeux.

Lucy Tenner. — On ne se bat plus, c'est arrangé.

D'Héloé, *se levant et la voyant enfin.* — Comment vous... ah ! c'est toi !

Lucy. — Chut, chut. (*Elle lui donne son oreille à baiser.*) Inutile donc d'écrire vos dernières volontés je n'hériterai pas encore cette fois-ci.

D'Héloé, *lui prenant les deux mains.* — Méchante, vous savez qu'il ne tiendrait qu'à vous d'être...

Lucy. — Comtesse d'Héloé. Oui, mais vous n'avez que trente-cinq mille francs de rente, mon cher, et moi six cent mille de dot et encore avec les cent mille francs que me fait la duchesse.

D'Héloé. — La duchesse Enigma ?

Lucy. — Enigme déchiffrée, puisque vous savez tout et qu'il a bien fallu vous mettre au courant, vilain jaloux ; car vous avez cru, vous aussi, aux infamies débitées sur mon amie, vous qui savez, et cela aux dépens de votre cœur, combien le monde est lâche et injuste pour les femmes.

D'Héloé, *l'attirant à lui et la baisant au front.* — Je t'aime.

Lucy. — Et moi, crois-tu que je ne t'aime pas?

D'Héloé. — Et tu ne veux pas légitimer.

Lucy. — Les quelques nuits que je t'ai données et toutes celles que je te garde encore, non ; car ce serait la pire des folies d'associer nos deux misères ensemble.

D'Héloé. — Une misère de soixante mille livres de rentes.

Lucy. — Vous oubliez que la comtesse d'Héloé sera tenue d'avoir l'hôtel le plus artistique, les dîners les plus suivis et le salon le plus fermé de tout Paris, le salon dont tout le monde veut être et soixante mille francs par an, c'est court, si l'on monte le matin au Bois et si, comme vous, on aime en hiver la Grèce et la Sicile. A cent mille francs je ne dis pas.

D'Héloé. — Quelle drôle de fille vous faites.

Lucy. — Préféreriez-vous drôlesse ?

D'Héloé, *comme sortant d'un rêve*. — Oh ! ces gens-là, je les tuerai.

Lucy. — Mais non, vous ne tuez plus personne, puisque je vous dis que c'est arrangé.

D'Héloé. — Comment, arrangé, avec le fils d'Enervon aussi? Je vous ai laissé faire pour M. Baringhel, à cause de Madame, mais ceux-là je les tiens, je ne les lâche pas.

Lucy. — Mais si moi je vous le demande.

D'Héloé. — Et moi, qu'en faites-vous ? Mais je

serais le dernier des hommes, et votre amie la duchesse Enigma ne me le pardonnerait pas.

Lucy, *riant*. — Dolly? Mais c'est elle-même qui...

La voix de miss Enigma dans l'escalier. — Où êtes-vous, les saints Valentins, où êtes-vous? Est-ce par ici?

Lucy. — Quand je vous disais que c'est elle-même. Elle nous apporte la bonne nouvelle. (*Se dirigeant vers une porte.*) Par ici, ma chère, par ici.

D'Héloé, *abasourdi*. — Ah çà! vous avez donc juré de me rendre fou!

Lucy, *coquette*. — Mais on s'en occupe.

Entre la duchesse Enigma, en une invraisemblable et indescriptible, mais merveilleuse robe, où il y a du velours gris, du vert réséda et du tulle vert d'eau.

Lucy Tenner, *à la duchesse*. — Dites-le-lui, Dolly, il ne veut pas croire...

La duchesse, *détaillant l'appartement avec sa face à main*. — Mais si, mais si, nous avons arrangé l'affaire, vous ne vous battez plus.

D'Héloé, *se levant*. — Je ne me bats plus, mais je la trouve mauvaise, et de quel droit?

La duchesse, *se levant, elle aussi, pour aller examiner de plus près les tapisseries*. — Du droit que nous ne voulons pas nous laisser compromettre. (*Riant au nez de d'Héloé stupéfié.*) En somme, avez-vous qualité pour vous battre pour Mlle Tenner? Ah! si vous étiez fiancés, ce serait toute autre chose,

mais, puisque Lucy ne veut pas être comtesse d'Héloé, et sans compter que je l'approuve, je ne vous
donne pas un an pour être à la côte avec les goûts
dispendieux que je vous sais. Mes compliments, c'est
très joli chez vous, mon cher, et l'on y sent un
artiste, mais vous avez là un hall de réception qui
vous coûte quatre-vingt mille au bas mot, encore en
courant vous-même les brocantes, car chez le tapissier... Vous iriez loin avec cent mille francs de rentes.

Lucy. — Et nous ne les avons pas.

La duchesse. — Oh! alors, re' fille, ma chère,
(*S'arrêtant devant la portière de la chambre à coucher*). C'est là la chambre? On peut voir?

D'Héloé. — Oh! poursuivez l'inventaire. (*A Lucy
Tenner.*) Elle en a un aplomb, la duchesse. Oh!
elle vous conseille bien.

Lucy. — Elle me conseille comme elle m'aime,
la vraie morale est celle du cœur.

D'Héloé. — On va loin avec ces idées-là.

Lucy. — Est-ce à vous de vous en plaindre?

D'Héloé. — Oh! pouvez-vous dire! (*Il lui baise
les mains.*)

La duchesse, *de dedans la chambre*. — J'aime
mieux ma Jeanne Jacquemin que la vôtre; oh!
vous avez là un La Gandara merveilleux, quand
vous voudrez, je le prends, à cinq cents louis, mon
cher.

D'Héloé, *entre ses dents*. — Le prix des fameux
iris. (*A Lucy Tenner.*) Et puis pourquoi est-ce que je

ne me bats pas ? le d'Enervon ne m'a fait aucune excuse.

Lucy. — Mais c'est vous qui l'avez provoqué, mon ami.

La duchesse, *toujours dans la chambre*. — Oh ! décidément ce La Gandara est de toute beauté, cette femme écoutant bruire un coquillage ; ah ! je veux qu'il me peigne ainsi, car vous savez, vous autres, il consent, il a consenti, et il ne peint pas n'importe qui, il faut lui plaire à ce monsieur, il m'a trouvée de l'aristocratie... mais les voilà, les fameux iris.

D'Héloé, *à Lucie Tenner*. — Je vous assure que je suis ridicule et je me battrai quand même.

Lucy Tenner. — Ah ! Dolly, Dolly, venez à mon secours, il ne veut rien entendre.

La duchesse, *rentrant dans le hall*. — Mais qu'est-ce qu'il y a, mon Dieu ?

Lucy. — Il y a que monsieur est enragé et ne veut rien savoir.

D'Héloé. — Saurai-je au moins pourquoi je ne me bats plus ?

La duchesse. — D'abord parce que ce serait grotesque. C'est un enfant, votre adversaire, et vous n'allez pas tuer son fils à ce pauvre M. d'Enervon, à cause de la bile et des humeurs peccantes de sa femme. Oh ! s'il n'y avait qu'elle, Mme d'Enervon, mais personne plus que moi n'a souffert par elle et à cause d'elle, et voyez comme je m'en venge. Je lui ai fait passer trois mauvaises nuits, oh ! cela, épouvantables, car elle est bonne mère et pour son petit Jacques... mais maintenant que l'effet est produit, vous n'allez pas égorger ce boy ; d'abord je le trouve très gentil.

D'Héloé. — Il fallait le dire.

La duchesse. — Et nous l'emmenons ce soir avec nous entendre Balthy, n'oubliez pas que nous dînons chez Ledoyen.

D'Héloé. — Avec Mme Baringhel peut-être ?

La duchesse. — Vous l'avez dit, avec Mme Baringhel. C'est elle qui nous traite et puis vous venez, et pas de bouderie, mon cher. D'abord Mme Baringhel, je l'adore, elle et ses gaffes, puisque ses gaffes me valent sa connaissance, et puis elle est excellente, c'est la bonté même, et puis une fantaisie... M'a-t-elle assez amusée avec cette pendule qu'elle voulait absolument offrir à Lucy.

D'Héloé. — Comment, une pendule ?

La duchesse, *pouffant*. — Mais oui, en dédommagement des propos tenus, le cartel aux pensées, la dernière création au Salon du Champ de Mars du comte de Montesquiou ; elle a fait faire auprès de lui des démarches. Vous savez cette pendule si laide qui finit par une poignée de bronze et a l'air d'un sac de nuit.

D'Héloé. — Et Mme d'Enervon est aussi du dîner ?

La duchesse. — Mme d'Enervon, elle est à résipiscence et nous y sommes tous priés à dîner *in flocchi*, Mademoiselle, vous, les Sparre et jusqu'à Madame que voici (*elle se désigne*), avec les des Audraies et les des Fastes en galerie. Elle en est arrivée là par terreur, mais personne n'ira à son dîner, sauf Mme Baringhel et moi pour jouir de son dépit. Goûtez-vous ma vengeance ?

D'Héloé, *lui baisant la main*. — Vous êtes féroce avec esprit.

XIX

LA DÉBANDADE

Monsieur Baringhel
Aux Poulpiquants par Momigny.

« Ce que je fais à Paris, mon ami, mais je le quitte ; je pars demain pour l'île de Wight, c'est la duchesse de *** qui nous emmène, les Sparre, Mlle Tenner et M. d'Héloé ; Mme Sparre et moi, nous nous sacrifions pour chaperonner ce flirt qui finira, je crois, par un mariage à la rentrée, et voilà pourquoi je n'étais pas aux Poulpiquants vendredi dernier pour y présider le banquet national par vous offert aux autorités ; car, dès ce voyage décidé, il a fallu courir tous les fournisseurs anglais du faubourg Saint-Honoré, on ne s'habille pas dans les îles comme sur la côte normande et nous ne voulons pas faire rougir notre hôtesse. La duchesse nous emmène dans son domaine de Bendsyrood, une des plus belles terres des Trois-Royaumes, avec un château du quinzième datant presque de la conquête ; elle est, comme vous le savez, dix ou onze fois millionnaire par son mariage avec le duc, et, si elle n'a pas été présentée à la Cour, c'est qu'elle a voulu ménager les susceptibilités de la reine, dont cette union a déçu des projets politiques, mais elle n'en reste pas moins une des plus grandes dames des Trois-Royaumes, jolie avec cela à pouvoir vivre de sa beauté rien qu'en posant comme modèle, et si exquise en tout, qu'il n'est point de peintre à Londres et à Paris qui ne sollicite l'honneur de faire son portrait.

« C'est une grande faveur que nous fait là la duchesse, car vous avez beau siéger à la droite au Sénat, nous ne sommes que Baringhel tout court, tout ce qu'il y a de plus roturier et vous avouerez que les Poulpiquants ne constituent pas un titre à arborer derrière un patronymique : Mme Baringhel des Poulpiquants, ce serait à pouffer et je ne vois que Mathilde ou Desclauzas pour bien porter le ridicule audacieux de ce nom. La duchesse est d'ailleurs la grâce et l'aménité en personne, elle n'attache aucune importance à la naissance et à la fortune et, pourvu qu'on lui plaise, cela suffit. Pour moi, j'adore ce caractère, car je me sens toute pareille, et la sympathie est déjà grande entre nous, je sens qu'avec le temps nous nous lierons davantage. La duchesse s'intéresse beaucoup à Mlle Tenner, que vous avez certainement vue chez moi, et qui est depuis deux ans la sensationnelle beauté de la société parisienne; j'aime beaucoup également Mlle Tenner ; M. d'Héloé, lui, c'est l'esprit et la distinction faits homme (très épris de Lucy) et le jeune ménage Sparre plein d'entrain et d'imprévu, pas d'enfant comme nous, mais plus récemment mariés. Quant à la duchesse, c'est la fantaisie, la prodigalité et la simplicité à la fois, les goûts les plus ruineux et avec cela amusée d'un rien, foncièrement bonne et cependant féroce, d'un dévouement sans limite pour qui elle aime et terrible jusqu'au danger pour qui elle n'aime pas, ne faisant que ce qui lui passe par la tête, mais changeant soixante fois d'idée en une heure ; ce qui fait en somme qu'elle n'est esclave d'aucun de ses caprices, mais très maîtresse d'elle-même et, je crois, capable de tout, en un mot une vraie grande dame.

« On ne s'ennuiera donc pas cet été au château de Bendsyrood. Le duc, prévenu par télégramme déjà depuis huit jours, nous attend avec son yacht en rade de Granville et, comme c'est un des seigneurs les plus magnifiques de l'aristocratie d'outre-mer, et qu'il est éperdu de sa femme et aux ordres de ses moindres volontés, nous aurons là-bas une réception féerique et notre séjour à Wight sera une réédition des plaisirs de l'île enchantée. (Je vous renvoie au siècle de Louis XIV.)

« D'ailleurs, je ne pouvais refuser à la duchesse de l'accompagner à Bendsyrood, elle m'avait rendu un inoubliable service, et sans sa bienveillante intervention je ne sais ce qu'il serait advenu de moi, un ensemble imprévu de circonstances m'ayant mise, oh! bien indépendamment de ma volonté, dans la plus fausse des situations.

« Vous vous passerez donc de moi cette année pour vos élections, mon cher ami ; au reste, vous prétendez que je n'y fais que des gaffes et que chacun des dîners que je préside vous coûte au moins deux ou trois électeurs. Qu'irais-je donc faire aux Poulpiquants ? Mes robes pourtant bien simples ont le don d'y exaspérer les dames de paroisse, dont les salons décident votre nomination, et chacune des idées que j'émets, Dieu sait avec quelle prudence ! y scandalise tous les nés natifs du département. Je ne trouve grâce que devant les fournisseurs à cause de mes dépenses et devant le curé à cause de mes aumônes, vous ferez présider vos agapes politiques par la femme du Préfet qui en sera ravie, et cela vous vaudra l'appui certain de l'Administration.

« Je ne suis donc pas inquiète de vous.

« Vous savez que je pars pour un mois : vers le dix nous irons à Cowes, il me faudrait dans les six mille, voulez-vous télégraphier à Bolbec, Absalon, Golfus and C°; vers le dix je vous écrirai de nouveau.

« Votre amie,

« GABRIELLE BARINGHEL. »

TABLE DES MATIÈRES

Préface i
Comtesse des Audraies (Hiver de Nice) 1
    I.   L'arrivée 3
    II.   Quelques types 7
    III.   Les rencontres 12
    IV.   Leurs costumes 20
    V.   En déjeunant 29
    VI.   Si le monde savait... 35
    VII.   L'ère des gaffes 40
    VIII. Chef de bande 48
    IX.   Au rapport 53
    X.   Réhabilité 58
    XI.   Déplacement 63
    XII.   Scandales et Cie 68
    XIII. Triomphe et joie 73
    XIV.   Revendications 78
    XV.   Derniers potins 83
    XVI.   Le pot aux roses 88
    XVII. *E finita la comedia* 92

Madame Baringhel (Printemps de Paris) 97
    I.   Les visites 99
    II.   Esthétisme 104
    III.   Entre amis 114
    IV.   Raffinées 119
    V.   Un peu de musique 128
    VI.   Propos de table 133
    VII.   Nos abonnés 142
    VIII. Leur passe-temps 151

TABLE DES MATIÈRES

IX.	Soir de fête	156
X.	Départ	160
XI.	Dernière fête	165
XII.	Autour de leur procès	170

Miss Enigma (Été de Trouville) 175

I.	Nos hôtes	177
II.	Nos invités	181
III.	Nos transfuges	186
IV.	Le défilé	191
V.	Toujours nos invités	197
VI.	Le banquet	201

Mademoiselle Tenner (Printemps de Paris) 207

I.	Confidences	209
II.	Chez le couturier	213
III.	Le dîner des victimes	218
IV.	Critique d'art	223
V.	La vieille cour	228
VI.	Pendant le vernissage	233
VII.	Pèlerinage	237
VIII.	Partie carrée	242
IX.	Reconnaissance	247
X.	Autour de « Pelléas »	252
XI.	L'éducation d'une âme	256
XII.	Le déjeuner mauve	261
XIII.	Avant la bataille	266
XIV.	Ce qui les occupe	271
XV.	Pendant le Grand Prix	279
XVI.	Ce qui les passionne	284
XVII.	L'entrevue du Drap d'Or	294
XVIII.	Apaisement	302
XIX.	La débandade	310

ÉVREUX, IMPRIMERIE DE CHARLES HÉRISSEY